«Tengo unas cuantas reglas para mi vida. Una de ellas es leer cada palabra que John Eldredge escribe. Nunca me he sentido decepcionado».

REV. JOHNNIE MOORE, fundador de la compañía The KAIROS y autor de *The Martyr's Oath*

«Este no es un libro sobre optimismo, lleno de frases alegres e historias sentimentales, sino que es un libro sobre la esperanza, una esperanza real y desgarradora en medio de las bellezas y tragedias de la vida. La verdadera esperanza es, como Juan lo explica, "la confiada expectativa de la bondad", una bondad expresada muy claramente en el evangelio de Jesucristo. Si alguna vez ha alzado la mirada para contemplar la belleza de un cielo estrellado, o ha mirado introspectivamente anhelando llenar el vacío de cada momento de gozo y angustia o se ha preguntado hacia dónde apunta todo, este libro es para usted».

J. D. GREEAR, PhD, pastor de *The Summit Church*, Raleigh-Durham, Carolina del Norte, y autor de *Stop Asking Jesus into Your Heart* y *Gospel: Recovering the Power That Made Christianity Revolutionary*

«Nuestra perspectiva sobre la esperanza puede marcar la diferencia entre una vida gozosa y de éxito o una de desesperación y fracaso. Demasiado a menudo, vemos la esperanza de Dios para nuestro futuro como una existencia vaga e inubicable, que simplemente no nos da fuerzas y pasión para perseverar. John Eldredge nos ofrece una visión muy diferente e intrigante: que en última instancia Dios traerá una tierra renovada donde se supone que viviremos y nos involucraremos para siempre. Esa clase de esperanza nos puede potenciar para seguir el camino del crecimiento aquí y ahora».

El doctor JOHN TOWNSEND, autor de los *bestseller* del *New York Times Límites* y *Más allá de los límites*, fundador del *Townsend Institute for Leadership and Counseling*

EL
CIELO

Otros libros de John Eldredge

El sagrado romance (con Brent Curtis)

Camine con Dios

Salvaje de corazón

El despertar de los muertos

Majestuoso

Admirable forajido

Cautivante (con Stasi Eldredge)

Amor y guerra (con Stasi Eldredge)

Mata a tu león (con Samuel Eldredge)

Mueve montañas

EL
CIELO

JOHN ELDREDGE

GRUPO NELSON
Desde 1798

Para otros materiales, visítenos a:
gruponelson.com

El cielo
© 2017 por Grupo Nelson

Publicado en Nashville, Tennessee, Estados Unidos de América.
Grupo Nelson es una marca registrada de Thomas Nelson.
www.gruponelson.com

Título en inglés: *All Things New*
©2017 por John Eldredge
Publicado por Nelson Books, un sello de Thomas Nelson. Thomas Nelson es una marca registrada de HarperCollins Christian Publishing, Inc.

Editora en Jefe: *Graciela Lelli*
Traducción: *Eugenio Orellana*
Adaptación del diseño al español: *Grupo Nivel Uno, Inc.*

ISBN: 978-0-71803-930-1
Impreso en Estados Unidos de América

A Patrick y Craig, quienes han subido a la Gran Nube mientras escribía este libro.

*¡Gandalf. Creía que estaba muerto! Pero yo mismo
creía estar muerto. ¿Acaso todo lo triste era irreal?*

SAM GAMGEE EN *El retorno del rey*

Contenido

Una promesa asombrosa

«**P**odríamos tener algo de esperanza en este momento».
Me encontraba conversando la semana pasada con una amiga sobre las cosas que van ocurriendo en nuestras vidas, y en el mundo, cuando ella dijo eso. Hablábamos de la pérdida de un querido colega, pero también de todos los que sabemos que están enfrentando tiempos duros u otras cosas. Mi amiga es, normalmente, una mujer muy optimista cual sea la circunstancia. Hubo una pausa en la conversación y luego ella, suspirando, expresó su anhelo por algo de esperanza.

Sí, la esperanza sería muy bienvenida precisamente ahora.

Aunque estamos tratando de ponerles buena cara a las cosas, la raza humana no lo está haciendo muy bien. ¿Quiere comprobarlo? Tomemos cualquiera de nuestros signos vitales. En los últimos veinte años, la tasa en el uso de antidepresivos se ha disparado; los antidepresivos han llegado a ser la tercera de las prescripciones de medicamentos.[1] No se me mal interprete. Yo creo en la medicación. Pero lo que acabo de afirmar dice algo cuando la depresión es la causa *líder* de la discapacidad que vemos en todo el mundo.[2] El índice de suicidios también está por las nubes; dependiendo del país, es la primera o la segunda causa de muerte entre nuestra gente joven. En 2012, durante la guerra en Afganistán, perdimos más de nuestros soldados por suicidio que combatiendo.[3]

Pareciera que estamos sufriendo una gran crisis de esperanza. En este tiempo, se manifiesta bulliciosamente en la política y en la economía; y, silenciosamente, en los corazones de millones.

Por esperanza, no me estoy refiriendo a ilusiones. No estoy hablando de «tener un pensamiento positivo» como un amigo lo entendió. Cuando hablo de esperanza, estoy hablando de una *anticipación confiada de que lo mejor está por ocurrir*. Una expectativa sólida, algo sobre lo cual podamos construir nuestras vidas. No las delicadas y frágiles esperanzas con las que mucha gente trata de salir adelante.

¿Qué diría usted que es la gran esperanza de su vida en estos días?

Si es algo de lo que vale la pena hablar, se supone que el cristianismo sea la entrada triunfal a una sorprendente esperanza irrumpiendo en la historia de la humanidad. Una esperanza sobre y más allá de cualquiera esperanza anterior.

Una esperanza inquebrantable, inextinguible. Pero, voy a ser honesto: con demasiada frecuencia, lo que presentamos como la «esperanza» del cristianismo se percibe más como un truco, un anzuelo. «Entendemos que, finalmente, usted perderá todo lo que ama; que ya ha perdido mucho. Todo lo que ama y que le es querido, cada precioso recuerdo y lugar lo perderá pero, después de eso, llegará a este Nuevo Lugar allá Arriba». Suena como un concurso donde usted no se gana el automóvil o las vacaciones en Europa pero se gana una maleta y un juego de cuchillos de cocina.

El mundo no lo cree. Y hay buenas razones para ello.

Cuando usted piensa en el dolor, en el sufrimiento y en la angustia contenida en un hospital de niños, en un campo para refugiados, en un hogar abusivo o en un pueblo devastado por la guerra en el curso de un solo día, es casi demasiado para soportarlo. Pero luego considera eso multiplicado a lo largo y ancho del planeta, durante todos los días del año y luego hace un recorrido por las páginas de la historia. Se necesitaría una esperanza bastante descabellada, asombrosa e impresionante para superar la agonía y el trauma de este mundo.

¿Cómo se las irá a arreglar Dios para poner todo en orden? ¿Cómo irá a redimir todos los sufrimientos y pérdidas de este mundo... y de su propia vida?

El escapismo no le va a funcionar, sin importar la versión religiosa que usted escoja. ¿Qué va a pasar con todas sus esperanzas y sueños? ¿Y aquellos lugares tan especiales y los recuerdos, las cosas que ocupan un lugar preferencial en su corazón? ¿Habrá alguna esperanza para eso? Lo que anhelamos es redención; por lo que nuestros corazones claman es *restauración*.

Acerca de esto, tengo para usted algunas noticias estupendas; la restauración es, exactamente, lo que Jesús prometió. Sin importar lo que le hayan dicho, él no centra nuestras esperanzas en el gran aerotransportador al cielo. Él prometió «la renovación de todas las cosas», incluyendo la tierra que tanto amamos, cada preciosa parte de ella y nuestra propia historia (Mateo 19.28). El clímax de la Biblia entera tiene lugar con estas palabras: «Yo hago nuevas todas las cosas» (Apocalipsis 21.5). El día de la Gran Restauración está por llegar. No aniquilación sino *restauración*. Esa es la única esperanza suficientemente poderosa para nosotros y es lo que Dios llama el ancla del alma: «[La cual] tenemos como firme y segura ancla del alma» (Hebreos 6.19).

La forma en que usted se imagina el futuro impacta su actual experiencia más que cualquiera otra cosa. Los niños que comienzan su largo año escolar se sienten muy diferentes en cuanto a despertarse cada mañana que los que saben que las vacaciones de verano están a solo unos cuantos días de iniciarse. La mujer que acaba de procesar los papeles de su divorcio siente la vida muy diferente a como la sentía al despertar el día antes de su boda. Cómo nos sentimos ahora acerca del futuro tiene consecuencias enormes para nuestro corazón. Si usted supiera que un día Dios va a restaurar su vida y todas las cosas que usted ama, y si creyera que una grande y gloriosa bondad está por llegarle, no en un cielo difuso sino aquí y ahora, en esta tierra, tendría la esperanza de verse a través de cualquier cosa. «Tenemos como firme y segura ancla del alma, una esperanza que penetra hasta detrás de la cortina del santuario» (Hebreos 6.19).

Permítame serle franco. Si en este momento las cosas en su vida le están yendo de maravilla y a usted le parece tener toda la razón para creer que se mantendrán así, entonces este libro probablemente no sea para usted. Pero si, a la inversa, se está preguntando por qué su alma se siente tan inquieta y qué es lo que le espera en el futuro, si está anhelando una esperanza asombrosa que pudiera ser un ancla para su vida, entonces siga leyendo. Se va a sentir muy satisfecho de haberlo hecho.

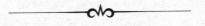

Imagínese un cofre del tesoro.

No un cofrecito en la mesa de noche de una niña donde pudiera guardar sus joyas, sino un gran cofre, más grande que cualquier maleta que posea, más grande que cualquier maleta que haya visto jamás.

Imagínese un enorme cofre de tesoro de roble, como los que acostumbraban usar los piratas, con grandes bisagras de hierro y un enorme candado. El tamaño, la edad y la fuerza de esta caja fuerte dicen que fue hecho para guardar cosas muy valiosas.

Dentro de este cofre están todas las cosas que usted desearía que, de alguna manera, le fueran restauradas. Todo lo que ha perdido, todo lo que sabe que va a perder.

¿Qué hay dentro de su cofre?

CAPÍTULO 1

¿Hay una esperanza que supere todo esto?

*No se necesita valor para ser optimista pero se
necesita mucho valor para tener esperanza.*

Rabino Jonathan Sacks, *Celebrar la vida*

Esta mañana, el amanecer estaba lleno con tal promesa.
Me encontraba de pie junto a la ventana. Era de
madrugada. Oraba mientras observaba cómo el amanecer
bañaba lentamente las colinas con una luz dorada. El bosque
permanecía completamente inmóvil, casi atemporal. Cada
hoja era lavada con un resplandor amarillo cálido, como la luz
de una vela. La claridad cubría toda la ladera de la montaña.
Algo sobre la belleza brillante y suave que ilumina un bosque
entero me hizo sentir que todo iba a estar bien.

Es otoño, y normalmente no me siento particularmente feliz por eso. Por lo general, no me gusta la llegada del otoño, porque sé que el largo invierno pronto descenderá con más oscuridad que luz. El mundo entrará en tonos grises durante demasiado tiempo. Pero este año me siento aliviado al ver las hojas tornándose color de calabaza, las hierbas desvaneciéndose en marrón, la tierra derramando belleza mientras entra en hibernación. Porque solo quiero que este año termine.

Enero comenzó con un suicidio en nuestra familia extendida. Yo fui el que recibió la llamada. Tuve que ir a donde mi hijo del medio y decirle que el hermano de su esposa se había quitado la vida. Luego los dos fuimos a verla y darle la noticia que le rompería el corazón. Fueron aquellos unos días horribles.

Unos meses más tarde pareció llegar un alivio de la pena cuando mi hijo mayor y su esposa y mi hijo del medio con mi nuera vinieron a vernos para decirnos a Stasi y a mí que íbamos a ser abuelos. No solo por partida simple sino por partida doble, porque ambas parejas esperaban familia. Traían camisetas hechas especialmente para nosotros. La felicidad que compartimos era simplemente maravillosa. Hablamos de los primos que crecerían juntos, pequeños vaqueros corriendo por la casa de abuela y abuelo trayendo alegría y jovialidad. Quizás la felicidad tendría la última palabra.

Y entonces, nuestro hijo mayor y su esposa pasaron por un horrible y brutal aborto espontáneo. Enterré a mi primer nieto en la montaña detrás de nuestra casa. Permanecimos de pie junto a la pequeña tumba mientras su devastada madre pronunciaba estas palabras: «Patrick, el día que supimos que estaba embarazada de ti fue el mejor día de nuestras vidas. Y el día que te perdimos fue el peor». Ver a mis hijos sufrir es lo peor que he pasado como padre.

Pero luego, la promesa volvió a surgir unos meses más tarde, cuando nuestra atención se volvió misericordiosamente a la boda de nuestro hijo menor. Me encantan las bodas. Me encanta la belleza, el romance, todo el simbolismo de los cuentos de hadas. Me encantan las *recepciones* nupciales. Esta se celebró al aire libre bajo las estrellas de una noche de verano, con luces colgantes y risas y baile. Me pareció volver a escuchar el susurrar que todo iría bien. Hay algo maravilloso y encantador en las mejores fiestas de bodas, algo que habla al más profundo anhelo en nuestros corazones. Nadie quería irse.

Todos estábamos disfrutando el resplandor la mañana siguiente cuando sonó mi teléfono. Nuestro querido amigo Craig, a quien conocemos desde hace casi cuarenta años, estaba llamando para decirnos que su cáncer ha tenido un terrible repunte. Un mes antes estaba casi en remisión; ahora moriría dentro de seis semanas. Colgué y tiré mi teléfono lo más lejos que pude. Esta sería la segunda vez en mi vida que perdería a un amigo muy cercano y muy querido.

Y es por eso que me alegro que esté llegando el otoño y esperando que pase pronto este año.

¡Seamos honestos! La vida es cruel.

Hay suficiente bondad para levantar nuestros corazones con expectación, y suficiente tristeza para echarlos por el suelo. Cuando la tendencia hacia abajo supera a la tendencia hacia arriba, usted se pregunta si no se va a quedar permanentemente abajo. «Lloré cuando nací», escribió el poeta anglicano George Herbert, «y cada día muestra por qué».[1] Sí, la vida también puede ser hermosa. Soy un amante de todas las cosas bellas de la vida. Pero puedo hacer mención de la película con ese nombre: *Life is Beautiful* [La vida es hermosa] que se desarrolla en un campo de concentración nazi. La historia es conmovedora por la forma en que un padre ama y protege a su pequeño hijo de las realidades macabras que les rodean. Pero, al final, el padre es asesinado. Al final, mucha, mucha gente experimenta muertes horribles.

En la vida necesitamos más que una perspectiva de esperanza. Necesitamos más. Mucho más. Necesitamos una esperanza inquebrantable e inextinguible.

De pie ante la ventana en mi vigilia matinal, veía cómo la luz ámbar del amanecer iba convirtiendo cada color otoñal en un matiz mucho más rico. Parecía un cuadro trascendente, mítico. Y por un momento todo pareció llenarse de promesas. Probablemente usted también ha sentido esa promesa al pararse en algún lugar favorito, viendo la belleza de las olas onduladas, maravillando de las flores de primavera en el desierto, caminando por las calles de París por la noche, sentado en su jardín con una taza de café. Algo nos sigue hablando a través de las cosas bellas que amamos.

«Muchas cosas comienzan a verse en este mundo nuestro», escribió la artista británica Lillias Trotter. «Ante nosotros hay una vida hermosa y posible».[2]

Yo saboreo esos momentos. Están entre mis recuerdos más preciados. Pero sea lo que sea a que se refiera tal promesa, cada vez que tratamos de atraparla parece deslizarse como agua a través de nuestros dedos. Sé que simplemente querer que este año termine no es la respuesta, porque ¿quién sabe realmente lo que traerá el año que viene? «Cada día tiene ya sus problemas», dijo el hombre más compasivo de todos los tiempos.[3]

¿Qué es lo que anticipamos?

Me mantengo atento a mi celular por la posible llegada de mensajes y textos.

Lo estoy haciendo en el transcurso del día. Cada señal de alerta capta mi atención. Lo he estado haciendo así desde hace algún tiempo. Y lo divertido es que no soy esa clase de personas que le guste la tecnología. No me gusta sentirme amarrado a mi celular por un cordón umbilical emocional. ¿Entonces por qué esa compulsión? ¿Qué es lo que estoy esperando que llegue? Porque evidentemente estoy esperando algo.

Y no soy solo yo. La gente chequea sus celulares unas ciento diez veces al día. Un tercio de sus horas hábiles.[4] ¿Cuál es la obsesión? Sé que la llegada de un texto descarga un zumbido de dopamina en nosotros. Pero hay algo más.[5] Después de meses y meses de esta obsesión, creo que he empezado a entender: lo que creo que estoy esperando son buenas noticias. Espero, busco, anhelo buenas noticias. Necesitamos saber que algo bueno viene en dirección a nosotros. Necesitamos sentirnos confiados de que tendremos un futuro brillante que nadie podrá quitárnoslo. Ni alguien, ni algo.

Mencioné antes el aumento global de la depresión y el suicidio; similar incremento está ocurriendo con la ansiedad y diversas adicciones.[6] Nuestra búsqueda de la felicidad se está convirtiendo en algo desesperado. ¿Se ha fijado en todo el odio y la rabia que tenemos hoy día? Con que pase un poco de tiempo metido en las redes sociales se va a dar cuenta. ¿Se acuerda del incidente que ocurrió en el jardín zoológico de Ohio y de lo que vino después? ¡Fue seria la cosa! Hagamos un breve recuento de los hechos. En mayo de 2016, un niño de tres años se cayó al foso de un gorila macho. El gorila agarró al niño y violentamente lo llevó de un lado a otro. Los responsables de mantener control sobre ese peligroso animal le dispararon dándole muerte pero salvándole la vida al niño. A partir de ese momento se desató una reacción social tipo Chernóbil: virulencias, reacciones venenosas contra el zoológico y contra los padres del niño. Cientos de miles de personas hicieron llamadas para que procesaran a los padres. Yo entiendo la fuerza de las emociones, pero aquí estamos hablando de *odios* desenfrenados. Y no se requiere de mucho para provocarlos.

Poco después de la tragedia del zoológico, apareció una nueva versión de la película *Los cazafantasmas* con un reparto de solo mujeres. Yo ni siquiera empezaba a entender eso de las reacciones venenosas. Leslie Jones, una actriz afroamericana que trabajaba en la película fue bombardeada a través de las redes sociales con «una avalancha de pornografía, frases racistas y memes cargados de odio». La comparaban con el gorila al que le dispararon en el zoológico; hasta recibió fotos con semen humano en su cara.[7] ¿Por una *película*?

Algo le está sucediendo al corazón humano. Usted netesita entender qué es si quiere encontrarle sentido a todo esto.

Los seres humanos somos, por naturaleza, criaturas voraces. Un ansia de hambre nos obsesiona. Fuimos creados para experimentar la felicidad, el gozo y la vida total. Pero desde que perdimos el Edén, nunca hemos conocido un día de total plenitud; nunca nos hemos sentido plenamente satisfechos. Somos como flores cortadas: parecemos estar bien, pero estamos separados de la planta. Somos criaturas desesperadas y lujuriosas. Buscamos en el matrimonio (o en la esperanza del matrimonio), en un hijo, en nuestro trabajo, en la comida, el sexo, el alcohol, una aventura, en la próxima cena, en el nuevo coche... cualquier cosa que mitigue el dolor dentro de nosotros. Somos seres *voraces*.

Nos hemos desconectado. Instituciones que alguna vez proporcionaron estabilidad psicológica y moral están desmoronándose: familias, comunidades, lealtad a la iglesia. Ya no confiamos en nadie ni en nada: ni en nuestras universidades, ni en nuestras instituciones financieras, ni en las jerarquías religiosas; y, sin duda, ni en nuestros líderes políticos. La descomposición agrega una especie de desesperación desenfrenada a nuestra hambre voraz.

Y entonces, el mundo se aparece en el camino de nuestra ansia de hambre. No deja de causarnos frustración por todos lados. Los demás no nos tratan como queremos que nos traten. No hay forma que demos con la felicidad que necesitamos. Nuestro jefe es un tirano, así que lo saboteamos. Nuestros cónyuges se niegan a tener relaciones sexuales, así es que nos vamos a la pantalla chica. La voracidad no se detiene. Y ocurre que cuando alguien se interpone en el camino de nuestra hambre desesperada, siente la furia de nuestra rabia. Nos asaltan instintos asesinos. Y por un incidente trivial en el tráfico, sacamos un arma y disparamos. Padres las emprenden contra su bebé porque no los dejan dormir. Nos vengamos crucificándonos mutuamente en las redes sociales.

Esta es nuestra condición actual: voraces, psicológicamente desamarrados, desesperados *in crescendo*, listos para atacar lo que sea que se interponga en nuestro camino. Y pareciera que no hay nada que detenga este deslizamiento hacia el caos. «El halcón no puede oír al halconero», advierte el poeta W. B. Yeats en «La Segunda Venida»:

> Las cosas se desmoronan; el centro no puede sostenerse;
> la anarquía se ha desatado sobre el mundo.

Sea lo que sea que esté en juego aquí, hemos perdido claramente la esperanza. No tenemos una expectativa cierta de que la bondad llegará a nosotros. Cuando mi amiga dijo: «Deberíamos tener alguna esperanza ahora mismo», pudo haber profetizado la palabra final sobre la raza humana.

BUSCANDO UNA ESPERANZA MÁS FUERTE

Las Escrituras ponen a la esperanza como una de las Tres Grandes Fuerzas de la existencia humana:

> Tres cosas durarán para siempre: la fe, la esperanza y el amor. (1 Corintios 13.13, NTV)

Diciendo que duran para siempre, Dios nombra a estos tres como poderes inmortales. Una vida sin fe no tiene sentido; una vida sin amor no vale la pena vivirla; una vida sin esperanza es una caverna oscura de la que no se puede escapar. Estas cosas no son simplemente «virtudes». La fe, la esperanza y el amor son *fuerzas* poderosas destinadas a llevarnos adelante, hacia arriba; son nuestras alas y la fuerza para usarlas.

Yo creo que entre estas tres fuerzas, la esperanza juega el papel crítico. A usted le resultará muy difícil amar si ha perdido la esperanza; la desesperanza colapsa en *¿a quién le importa?* ¿Y de qué vale que tengamos fe si no tenemos esperanza? La fe es solo una doctrina rígida con nada que ansiar. La esperanza es el viento en sus velas, los muelles en su paso. La esperanza es tan esencial para su ser que la Escritura la llama un «ancla para el alma» (Hebreos 6.19).

En un mundo dislocado, necesitamos una esperanza en la que nos podamos anclar.

Los que están luchando contra el cáncer, o cualquiera aflicción física, le dirán que la esperanza es esencial para vencer. Abandone la esperanza, y su cuerpo parecerá renunciar a la lucha. Cualquiera que haya recorrido el doloroso camino del divorcio sabe que la esperanza es el salvavidas de un matrimonio. Renuncie a la esperanza y se habrá eliminado la razón para ejercer el duro trabajo de permanecer juntos. Las personas que pierden la esperanza son menos propensas a sobrevivir accidentes de avión y otros escenarios de supervivencia. La esperanza es un factor determinante para superar la pobreza. La esperanza cura literalmente las estructuras de su cerebro.[8]

Pero para captar realmente la belleza y el poder de la esperanza, basta con que piense en lo que sería perderla. ¡Yo me estremezco con solo pensarlo! Mis momentos de desesperanza son los recuerdos más oscuros de mi vida. Cuando perdemos la esperanza, deambulamos demasiado cerca de las tierras sombrías del infierno, cuyos ocupantes deben «abandonar toda esperanza», según Dante.[9] La esperanza es la luz del alma; sin ella, nuestro mundo interior se movería entre sombras. Pero, como un amanecer en el corazón, la esperanza arroja luz sobre nuestra visión de todo lo demás, poniendo todas las cosas bajo una nueva luz. No era simplemente la luz del sol que bañaba la montaña esta mañana: era *la esperanza*.

La fe es algo que mira hacia atrás. Recordamos las formas en que Dios ha venido a su pueblo, y a nosotros, y nuestra fe se fortalece cuando recordamos que él vendrá de nuevo. El amor se ejerce en el momento presente. Amamos en el «ahora». La esperanza es única; la esperanza mira hacia adelante, anticipando lo bueno que viene. La esperanza se adentra en el futuro para tomar posesión de algo que nosotros aún no tenemos, y que aún no podemos ver. La esperanza fuerte se apodera del futuro que todavía no es. Es la *confiada expectación de la bondad que viene.*

Sería bueno hacer una pausa para que se pregunte: *¿cómo es mi esperanza en estos días? ¿Dónde está puesta, hoy por hoy, mi esperanza?*

La respuesta al enigma de la promesa

El optimismo no es suficiente. Intentar mirar el lado positivo no nos va a sostener a través de días como los que estamos viviendo. Dado lo crítica que es la esperanza a nuestras vidas, la pregunta más acuciante tendría que ser: «¿Dónde está la esperanza que puede superar toda la angustia de este mundo?».

«Todos sentimos el enigma de la tierra», escribió G. K. Chesterton. «El misterio de la vida es la parte más simple de ella: las nubes y las cortinas de oscuridad, los vapores de confusión, son el clima diario de este mundo».[10] Gracias, Gilbert. Me alegro cuando alguien dice tan claramente lo que siempre hemos sabido que es verdad, pero nunca nos atrevimos a decirlo. Creo que el misterio se reduce a esto:

Algún tipo de promesa parece estar entretejido en el tapiz de la vida. Nos llega a través de momentos dorados, a través de la belleza que nos quita el aliento, a través de recuerdos preciosos y de la esperanza incluso de un cumpleaños o de unas vacaciones. Viene especialmente a través de la tierra misma.

Esa promesa encaja perfectamente con el anhelo más profundo de nuestros corazones: el anhelo de que la vida se reúna, como sabemos de alguna manera que siempre fue. Los susurros de esta promesa tocan una esperanza salvaje en lo profundo de nuestros corazones, una esperanza que apenas nos atrevemos a nombrar.

¿Se volverá esto realidad alguna vez?

Ese es el misterio; ese es el enigma. Así que vamos a empezar aquí. Quizás podamos seguir el rastro desde este punto.

Lo que voy a decir a continuación es posible que suene un poco extraño a los hombres, pero siento una especie de compasión por la obsesión de Imelda por los zapatos.

Para aquellos que se perdieron el escándalo en los años 80, Imelda Marcos estaba casada con Ferdinando, «expresidente» de Filipinas. Fueron sacados del poder en 1986, a raíz de lo cual huyeron del país, dejando atrás un tesoro fascinante: zapatos de marca, exclusivos. Miles y miles de ellos. Al igual que muchos otros dictadores, los Marcos llevaban un estilo de vida desorbitado, obviamente financiado por el estado mientras su gente por las calles andaba descalza. De ahí la expulsión. Se decía que Imelda «sentía algo extraño» por los zapatos pero, como ocurre en otros casos, la verdad resultó ser más extraña que la ficción. Su colección personal estaba formada por entre 1.060 y 7.500 pares.[11]

Kilómetros de zapatos deslumbrantes de los mejores salones del mundo. Si usted fuera a usar un par nuevo cada día durante diez años, todavía no habría podido calzarlos todos.

¿Qué lleva a una persona a la obsesión de acumular algo que nunca podrá utilizar ni disfrutar?

Los medios crucificaron a Imelda, pero yo encontré el descubrimiento fascinante. Las obsesiones son esclarecedoras. Son una especie de rendija por la que se puede observar lo más cruel del corazón humano. Podemos ocultar nuestras rarezas bajo un disfraz social, podemos montar el mejor *show*, pero nuestras obsesiones y fantasías siempre nos delatarán. El hambre voraz del adicto quedará expuesta para que todo el mundo la vea. Sinceramente, sentí una especie de empatía por Imelda, aunque no lo había hecho público hasta ahora. Se me ocurre que ella estaba buscando las zapatillas mágicas de rubí de Dorothy Gale para ir a algún lugar más allá del arco iris (*El mago de Oz*, 1939), lo cual no sería tan extraño si se recuerda que un zapato cambió la vida de la Cenicienta.

Imelda Marcos estaba buscando el reino de Dios.

Le voy a contar un pequeño secreto: su corazón está hecho para el reino de Dios. Esta puede ser la cosa más importante que alguien le diga sobre usted: su corazón solo prospera en un hábitat, y ese hábitat —que es un lugar seguro— se conoce como el reino de Dios. Siga conmigo.

La renovación de todas las cosas

Jesucristo dio su vida para dar a cada uno de nosotros una esperanza por encima y más allá de todas las esperanzas anteriores. Cada acción y enseñanza de su brillante vida fueron intencionalmente dirigidas a desvelar esta esperanza para nosotros. Más tarde, en el Evangelio de Mateo, lo describió con una claridad impresionante:

> «Les aseguro —respondió Jesús— que en la renovación de todas las cosas, cuando el Hijo del hombre se siente en su trono glorioso [...] todo el que por mi causa haya dejado casas, hermanos, hermanas, padre, madre, hijos o terrenos recibirá cien veces más y heredará la vida eterna». (19.28, 29)

¿En la renovación de todas las cosas? ¿Tiene que ver con nosotros la intención de Dios de *renovar todas las cosas*? Esto es lo que dijo el Hijo de Dios. Así lo describió con toda claridad. Apenas puedo decirlo. *¿De verdad?*

La palabra griega usada aquí para «renovación» es *palingenesia*, que se deriva de la raíz de dos palabras: *paling*, que significa «de nuevo», y *genesia*, que significa «principio», lo que nos lleva de vuelta al Génesis. Génesis de nuevo. El Edén restaurado. ¿Podría ser posible? A veces comparar el trabajo de varios traductores nos acerca aún más al significado de un pasaje; echemos un vistazo a dos más:

> «Les aseguro que todos ustedes reinarán conmigo cuando yo, el Hijo del hombre, me siente en el trono de mi reino poderoso. Entonces Dios cambiará todas las cosas y las hará nuevas. Cada uno de ustedes gobernará a una de las doce tribus de Israel. Y todos los que, por seguirme, hayan dejado a su esposa y a sus hijos, a sus hermanos o a sus

hermanas, a su padre o a su madre, su casa o un terreno, recibirán cien veces más de lo que dejaron, y tendrán además vida eterna». (TLA)

«Les aseguro que cuando el mundo se renueve y el Hijo del Hombre se siente sobre su trono glorioso, ustedes que han sido mis seguidores también se sentarán en doce tronos para juzgar a las doce tribus de Israel. Y todo el que haya dejado casas o hermanos o hermanas o padre o madre o hijos o bienes por mi causa recibirá cien veces más a cambio y heredará la vida eterna». (NTV)

La recreación del mundo. Cuando el mundo sea hecho de nuevo. Una promesa tan impresionante, tan impactante y conmovedoramente hermosa que estoy sorprendido de que tantos la hayan pasado por alto. Oh, sí, hemos escuchado bastante acerca del «cielo». Pero Jesús no está hablando aquí del cielo, sino que claramente está hablando de la recreación de *todas las cosas*, incluyendo la tierra que amamos.

Si retrocedemos desde este punto, podremos encontrarle un mejor sentido al «evangelio» de Jesús. Antes que nada, el mensaje que él proclamó fue el evangelio de un *reino* por venir:

«¡Por fin ha llegado el tiempo prometido por Dios! —anunciaba—. ¡El reino de Dios está cerca! ¡Arrepiéntanse de sus pecados y crean la Buena Noticia!» (Marcos 1.15, NTV)

Jesús viajó por toda la región de Galilea enseñando en las sinagogas, anunciando la Buena Noticia del reino. (Mateo 4.23, NTV)

Jesús recorría todos los pueblos y aldeas enseñando en las sinagogas, anunciando las buenas nuevas del reino. (Mateo 9.35)

«Así que no se preocupe, pequeño rebaño. Pues al Padre le da mucha felicidad entregarles el reino». (Lucas 12.32, NTV)

«Y este evangelio del reino se predicará en todo el mundo como testimonio a todas las naciones, y entonces vendrá el fin». (Mateo 24.14)

Jesús anunció el reino venidero de Dios. Luego demostró lo que significa esa promesa: los paralíticos andarán, los ciegos verán, los sordos oirán, los muertos resucitarán. Sus milagros son ilustraciones para su mensaje, y las demostraciones inolvidables lo son. Nadie que los había presenciado podría haberse perdido el punto: el reino de Dios significa una Gran Restauración. Luego, Jesús anunció la renovación de todas las cosas justo antes de que los romanos se apoderaron de él, y como para asegurarse de que todo el mundo viera el punto, tres días después salió de la tumba ileso, en la más dramática ilustración de restauración que se podría pedir.

A lo largo de toda nuestra vida hemos estado buscando la Renovación. Nos ha estado llamando a través de cada recuerdo precioso y de cada momento de belleza y bondad.

Ha sido la promesa susurrada en cada amanecer. En cada flor. En cada maravilloso día de vacaciones. En cada embarazo. En la recuperación de nuestra salud. Nos llama incluso a través de nuestras obsesiones y de nuestras fantasías, como lo dijo C. S. Lewis:

> Incluso en sus aficiones, ¿no ha habido siempre alguna atracción secreta que curiosamente ignoran los demás? Algo con lo que pareciera que no nos identificamos, pero siempre a punto de manifestarse: el aroma de la madera cortada en el taller o el golpeteo rítmico del agua contra los lados del bote? ¿No nacen todas las amistades de toda la vida en el momento cuando por fin te encuentras con otro ser humano que tiene alguna sospecha (aunque a lo mejor débil e incierta) de aquello que has deseado desde que naciste y que, bajo el flujo de otros deseos y en todos los silencios momentáneos entre las pasiones más fuertes, noche y día, año tras año, desde la infancia a la ancianidad, has estado buscando, mirando, escuchando? Nunca lo has tenido. Todas las cosas que han poseído profundamente tu alma han sido solo indicios de ello: visiones tentadoras, promesas que nunca se han cumplido, ecos que se desvanecieron inmediatamente después que los captaran tus oídos. Pero si realmente llegaran a manifestarse, si alguna vez hubo un eco que no se desvaneció, sino que se agrandó en el sonido mismo, lo sabrías. Más allá de toda posibilidad de duda, dirías: «Aquí por fin está la cosa para lo que fui hecho».[12]

La cosa para la que usted ha sido hecho es la renovación de todas las cosas. Dios le ha dado un corazón para su reino, no para los caprichos de un «cielo» difuso, sino para la firme realidad de un mundo nuevo. Esta es una de las cosas más importantes que usted debe saber sobre usted. ¿Lo sabía? ¿Cuándo fue la última vez que, mirándose al espejo por la mañana, se dijo, «*Buenos días, joven; ¿sabías que tú tienes un corazón para el reino?*». Esto explica mucho. Será una ayuda enorme para usted. Explicará sus iras y todas sus adicciones. Explicará su clamor por justicia, y también explicará la creciente desesperanza, resignación, cinismo y derrota.

Si escuchamos con bondad y compasión a nuestras propias almas, oiremos los ecos de una esperanza tan preciosa que apenas podremos poner en palabras; una esperanza tan contundente que difícilmente nos atreveremos a abrazar. Dios la puso allí. Él también insufló la promesa correspondiente a la tierra. Es el susurro que sigue viniendo a nosotros en momentos de suprema bondad. Pero, por supuesto, «Dios lo hizo todo hermoso para el momento apropiado. Él sembró la eternidad en el corazón humano» (Eclesiastés 3.11, NTV). El secreto de su infelicidad y la respuesta a la agonía de la tierra son uno y el mismo: anhelamos el reino de Dios. Estamos suspirando por la restauración de todas las cosas.

Esa es la única esperanza lo suficientemente fuerte, lo suficientemente brillante, lo suficientemente gloriosa como para superar la angustia de este mundo.

Una mañana se despertará, y la luz del sol entrará a través de las cortinas. Oirá la música producida por el canto de los pájaros en el jardín; la brisa traerá deliciosos perfumes de verano. Al abrir los ojos, se dará cuenta de que su cuerpo se siente joven y entero. No habrá pensamientos atormentadores. Su alma la sentirá joven y plena también. Mientras se incorpora en su cama para mirar alrededor del cuarto lleno de luz, escuchará risas y agua corriendo afuera y entonces sabrá que va a ser un día maravilloso. Solo esta esperanza puede servir de ancla para nuestras almas:

Tenemos como firme y segura ancla del alma una esperanza que penetra hasta detrás de la cortina del santuario (Hebreos 6.19).

Así que vamos a perseguirlo ahora con todo nuestro ser.

A comienzos de este año tuve un sueño sobre el reino de Dios; sin embargo, en ese momento no logré saber lo que se me estaba mostrando.

El entorno era nocturno. Yo estaba parado en una pendiente cubierta de hierba bajo las estrellas. Debe haber sido verano porque el césped bajo mis pies era exuberante y grueso; el aire era cálido y dulce. Podía ver agua delante de mí: agua oscura, lisa y vítrea, tranquila como un lago o una bahía tropical después de la puesta del sol. La luz de la luna se reflejaba en el agua como se esperaría en una noche de verano, pero también había linternas que proyectaban su resplandor cálido y feliz.

Viniendo desde el otro lado del agua y no muy lejos, podía oír los ruidos de una cena. Vasos que tintineaban, cubiertos de porcelana fina, pero lo más atractivo de lo que me llegaba eran las risas y las conversaciones. Sin duda que se trataba de una fiesta pródiga pero íntima, llena de alegría, como la que anhelaríamos disfrutar en las mejores recepciones de bodas. O quizás era una reunión de aliados íntimos en la finca de un amigo rico.

La belleza de la escena era tranquilamente encantadora, pero lo que más me conmovía era lo espontánea que parecía aquella felicidad, como si fuera la cosa más natural del mundo, no la frágil felicidad que conocemos en nuestra experiencia.

Una ansiedad me sobrecogía cuando desperté.

CAPÍTULO 2

La renovación de todas las cosas

El hombre tiene dos
batallas que librar:
en sueños lucha con Dios;
y despierto, con el mar.

ANTONIO MACHADO, *Verso de Proverbios y Cantares*

Era julio cuando mi hijo menor y su nueva esposa vinieron a visitarnos. Stasi y yo decidimos ofrecerles una cena especial; de ese tipo que los recién casados no pueden permitirse. Hicimos una reserva en el Hotel Broadmoor, un resort de cinco estrellas de *Forbes* del que quizás usted haya oído hablar. Imagínese unas instalaciones alucinantes, como las que se pueden encontrar en Francia o Alemania: verdes jardines, fuentes y cascadas, arquitectura al estilo «Viejo Mundo», techos de tejas rojas, torrecillas arqueadas y balcones curvos.

Tuvimos una noche encantadora sobre una cena deliciosa y rica conversación. Olivia, nuestra nueva nuera, dijo: «Nunca había tenido una velada como esta». Felices, saciados, sintiéndonos conectados, después de una comida suntuosa en una cálida noche de verano, salimos a deambular por los jardines del hotel. Stasi empezó a sentir algunas molestias debido a una lesión en la cadera, así que ella y yo decidimos descansar en un banco mientras los flamantes esposos daban un paseo por el lago. La parte principal del complejo se encuentra al otro lado del agua, y sus luces se reflejaban en las aguas del lago mientras ecos de risas y los ruidos de la cena llegaban flotando hasta nosotros. Más cerca, los aromas deliciosos de las petunias y otras flores de verano colgando en cestas nos rodeaban con perfumes de la naturaleza.

Entonces recordé mi sueño.

Habían pasado algunos meses desde aquel sueño. Casi lo había olvidado, más que nada porque simplemente no sabía qué hacer con él. Los meses duros y difíciles que habíamos estado viviendo no eran ni la sombra de la felicidad y la belleza que había visto en el sueño. Tampoco sabía qué hacer con él, así que me permití preguntarle al Señor sobre su significado. *Mi Reino*, sentí que me decía como con un murmullo, tranquilamente, con un toque de orgullo. Sí, ciertamente tenía el «aroma» del reino de Dios. Y sin embargo... a mí no me parecía «cielo», porque el escenario era demasiado terrenal: agua, césped, linternas, luz de la luna, una cena en una terraza.

Pero aquí estábamos, no en el sueño mismo, sino en la promesa del sueño. Sentado en el banco junto a Stasi, me encontraba experimentando un sabor anticipado de esa felicidad que había soñado. Sin previo aviso, mi corazón susurró, *Esto es para lo que estábamos destinados.*

Lo curioso es esto: ¿cómo lo supo mi corazón? ¿Cómo *nuestros* corazones saben esto?

Porque Pascal estaba en lo cierto: *hubo* una vez una felicidad perteneciente a la raza humana, y en nuestros corazones solo encontramos ahora «las más débiles huellas de aquella felicidad».[1] El Edén fue una vez nuestro hogar, nuestra morada perdida desde hace mucho tiempo. Y al Edén regresaremos. Así, seguimos encontrándonos con la «promesa» que Dios puso tanto en la tierra como en lo profundo de nuestros corazones, y solo por medio de la *palingenesia* podremos interpretarla.

«Vendrán del oriente y del occidente, del norte y del sur, y se sentarán a la mesa en el reino de Dios». (Lucas 13.29, RVR1960).

TODAS LAS COSAS NUEVAS

Cuando Jesús usó la frase «en la renovación de todas las cosas», lo hizo de manera informal, casi despreocupadamente. La impresión que nos deja es que sus oyentes no necesitaban una explicación o una larga defensa de la idea. Jesús habló como si simplemente estuviera basándose en una historia y una teología que sus discípulos conocerían muy bien. Y, en efecto, estos judíos fervientes habrían de encontrar inmediatamente la conexión con muchos pasajes del Antiguo Testamento almacenados en sus corazones:

Volverán los rescatados del Señor,
    y entrarán en Sion con cánticos de júbilo;
    su corona será el gozo eterno.
Se llenarán de regocijo y alegría,
    y se apartarán de ellos el dolor y los gemidos.
(Isaías 51.11)

Verás esto y te pondrás radiante de alegría;
    vibrará tu corazón y se henchirá de gozo;
porque te traerán los tesoros del mar,
    y te llegarán las riquezas de las naciones...

Haré que la paz te gobierne,
    y que la justicia te rija.
Ya no se sabrá de violencia en tu tierra,
    ni de ruina y destrucción en tus fronteras,
sino que llamarás a tus muros "Salvación",
    y a tus puertas, "Alabanza".
Ya no será el sol tu luz durante el día,
    ni con su resplandor te alumbrará la luna,

porque el S<small>EÑOR</small> será tu luz eterna;

tu Dios será tu gloria.

Tu sol no volverá a ponerse,

ni menguará tu luna;

será el S<small>EÑOR</small> tu luz eterna,

y llegarán a su fin tus días de duelo. (Isaías 60.5, 17–20)

Probablemente un lector contemporáneo no estaría muy seguro sobre qué hacer con promesas tan preciosas como estas. Su belleza es suficiente como para que me duela el corazón. ¿Pero para quién son? ¿Cuándo ocurrirá esto? Daríamos nuestro brazo derecho para ver una fracción de esto suceder en nuestra vida; la mitad de ellas estaría más allá de nuestros sueños más desaforados. Pero algo en nosotros sabe que por mucho que anhelemos, vivimos aquí con lo parcial. Momentos pueden venir a nosotros, pero estos pasajes se refieren a algo tan asentado y hecho como la felicidad que vi en mi sueño. ¿Por qué Dios ha dispersado estas promesas como flores silvestres y gemas preciosas a través de las Escrituras? ¿Se estará burlando de nosotros?

Unos capítulos más adelante en Isaías encontramos la respuesta:

«Presten atención, que estoy por crear

un cielo nuevo y una tierra nueva.

No volverán a mencionarse las cosas pasadas,

ni se traerán a la memoria.

Alégrense más bien, y regocíjense por siempre,

por lo que estoy a punto de crear:

Estoy por crear una Jerusalén feliz,

un pueblo lleno de alegría.

Me regocijaré por Jerusalén

y me alegraré en mi pueblo;

no volverán a oírse en ella

voces de llanto ni gritos de clamor». (65.17–19)

Jesús sabía que sus oyentes ya habían abrazado esta esperanza; sabía que la anhelaban y oraban por ello. Esta es la culminación de todas las promesas de una Gran Restauración del Antiguo Testamento. Y, por supuesto, este pasaje prefigura el clímax del libro de Apocalipsis, donde todo el canon bíblico se hincha hasta alcanzar un crescendo como una sinfonía que llega a su glorioso final. Aquí está la última palabra de Dios en su promesa a nosotros:

Después vi un cielo nuevo y una tierra nueva, porque el primer cielo y la primera tierra habían dejado de existir, lo mismo que el mar. Vi además la ciudad santa, la nueva Jerusalén, que bajaba del cielo, procedente de Dios, preparada como una novia hermosamente vestida para su prometido. Oí una potente voz que provenía del trono y decía: «¡Aquí, entre los seres humanos, está la morada de Dios! Él acampará en medio de ellos, y ellos serán su pueblo; Dios mismo estará con ellos y será su Dios. Él les enjugará toda lágrima de los ojos. Ya no habrá muerte, ni llanto, ni lamento ni dolor, porque las primeras cosas han dejado de existir».

El que estaba sentado en el trono dijo: «¡Yo hago nuevas todas las cosas!» Y añadió: «Escribe, porque estas palabras son verdaderas y dignas de confianza». (Apocalipsis 21.1–5)

Lo sé. Esto está saturado de sentido, repleto de promesas y rebosante de belleza; tan grande, que nuestras almas apenas pueden asimilarla, como un rico postre. Honestamente, parece demasiado bueno para ser verdad. Nosotros, los sobrevivientes del naufragio del Edén, que nos hemos acostumbrado a vivir con los indicios más débiles de la felicidad y la restauración, debemos retrasar el paso y tomar esta proclamación de a poco si queremos entenderla y abrazarla. Esta es, después de todo, la palabra final de Dios y la suma de todos los demás textos bíblicos con respecto a nuestro futuro. Léala como si fuera una nota de rescate de su hijo que ha sido secuestrado; o como si fuera el reporte médico sobre su cáncer. Lenta y cuidadosamente.

Nótese, primero, que la tierra aparece incluida: una tierra renovada. Este pasaje no tiene que ver solo con el «cielo», el dulce porvenir. A Juan se le muestra la Nueva Jerusalén *descendiendo del cielo*, una imagen que comienza en Apocalipsis 3.12 y se repite una tercera vez en 21.10, solo para asegurarnos de que nos orientemos. La ciudad de Dios viene a *la tierra*. La morada de Dios, que hasta ahora ha sido el cielo, llega a los hombres que moran en la tierra.

Nótese también que Dios promete hacer nuevas las cosas actuales, en lugar de hacer todas las cosas nuevas. Si Dios estuviera borrando la realidad tal como la conocemos e introduciendo una nueva realidad, la frase habría sido: «Estoy haciendo todas las *cosas nuevas*». Pero eso no es lo que dice, y Dios es muy cuidadoso con lo que dice. Además, si Juan hubiese presenciado la introducción de alguna realidad extraña, lo habría señalado. Ya nos ha hablado de una estrella llamada Ajenjo, de un dragón de siete cabezas, y de una horrible bestia sobre la que cabalga la Ramera de Babilonia. Por más indignante que hubiese sido, habría hecho todo lo posible para reportar la nueva realidad si Dios se la hubiese mostrado. Pero no lo hace; lo deja claro cuando dice: «Vi un cielo nuevo y una tierra nueva» (21.1).

Creo que es especialmente conmovedor que inmediatamente después de decir: «¡Estoy haciendo todo nuevo!», nuestro Padre Dios haya añadido: «Escribe esto porque es verdad». Es posible que Juan el Vidente haya estado obviamente estupefacto en este punto (¿No lo habría estado usted?). Y Dios necesitaba asegurarse: *Sí, esto es lo que quiero decir. Escríbelo.* Tal vez Dios estaba pensando que los futuros lectores de tal declaración necesitarían la misma seguridad.

No importa qué traducción prefiera, la verdad de Apocalipsis 21.5 es bastante clara:

«Yo hago nuevas todas las cosas». (RVR60, NVI)

«¡Yo hago todo nuevo!» (TLA)

«¡Yo hago nuevas todas las cosas!» (DHH)

«¡Miren, hago nuevas todas las cosas!» (NTV)

La palabra griega para «nuevo» es *kainos,* la misma palabra usada para la «Nueva» Jerusalén. Claramente entendemos que no es la vieja Jerusalén bajando del cielo. Es una Jerusalén fresca, rehecha, renovada. Pero es *Jerusalén,* no Baltimore, Bagdad o Budapest.

REDENCIÓN, NO DESTRUCCIÓN

Mucha gente tiene la vaga pero inquietante idea que Dios destruye la realidad actual y crea una nueva «celestial». Pero eso no es lo que dice la Escritura.

> Pues toda la creación espera con anhelo el día futuro en que Dios revelará quiénes son verdaderamente sus hijos. Contra su propia voluntad, toda la creación quedó sujeta a la maldición de Dios. Sin embargo, con gran esperanza, la creación espera el día en que será liberada de la muerte y la descomposición, y se unirá a la gloria de los hijos de Dios. Pues sabemos que, hasta el día de hoy, toda la creación gime de angustia como si tuviera dolores de parto; y los creyentes también gemimos —aunque tenemos al Espíritu Santo en nosotros como una muestra anticipada de la gloria futura— porque anhelamos que nuestro cuerpo sea

liberado del pecado y el sufrimiento. Nosotros también deseamos con una esperanza ferviente que llegue el día en que Dios nos dé todos nuestros derechos como sus hijos adoptivos, incluido el nuevo cuerpo que nos prometió. (Romanos 8.19–23, NTV)

Pablo nos enseña que la creación —es decir la tierra y el reino animal— anhela el día de *su* redención, cuando «será liberada de la muerte y la descomposición» (v. 21). Claramente, esto no implica destrucción; lejos de eso. Pablo anticipa un día gozoso cuando la creación compartirá la eternidad de los hijos de Dios:

La creación aguarda con ansiedad la revelación de los hijos de Dios, porque fue sometida a la frustración. Esto no sucedió por su propia voluntad, sino por la del que así lo dispuso. Pero queda la firme esperanza de que la creación misma ha de ser liberada de la corrupción que la esclaviza, para así alcanzar la gloriosa libertad de los hijos de Dios. (Romanos 8.19–21)

Los tiempos gloriosos están adelante, cuando todas las cosas se hagan nuevas.

Sí, hay algunos pasajes impresionantes sobre el final de esta era. Pedro nos da uno de los textos definitivos:

Pero intencionalmente olvidan que desde tiempos antiguos, por la palabra de Dios, existía el cielo y también la tierra, que surgió del agua y mediante el agua. Por la palabra y el agua, el mundo de aquel entonces pereció inundado. Y ahora, por esa misma palabra, el cielo y la tierra están guardados para el fuego, reservados para el día del juicio y de la destrucción de los impíos. Pero el día del Señor vendrá como un ladrón. En aquel día los cielos desaparecerán con un estruendo espantoso, los elementos serán destruidos por el fuego, y la tierra, con todo lo que hay en ella, será quemada. (2 Pedro 3.5–7, 10)

Palabras ardientes, sin duda, llenas de imágenes comparables con las mejores películas de Hollywood sobre el «fin del mundo». Pero examinémoslo con cuidado. Antes que nada, Pedro señala al Diluvio de los días de Noé como la imagen para el fin de los tiempos: «Por la palabra y el agua, el mundo de aquel entonces pereció inundado» (v. 6). Por lo tanto, podemos estar seguros de que él no quiere decir *aniquilado*, vaporizado, como la Estrella de la Muerte, por la razón muy obvia de que la tierra *no fue* destruida por el Diluvio. Todavía está aquí, donde siempre ha estado. Hemos vivido en ella toda la vida. El Diluvio *limpió* la tierra, la renovó. Noé y su familia salieron del arca hacia una tierra restaurada, para comenzar de nuevo.

Pedro entonces se vuelve del agua al fuego como el elemento por el cual la tierra que amamos será limpiada. El fuego también se usa en las Escrituras para purificar. Pablo dijo que las obras de nuestras vidas serán probadas en el fuego, como el oro. Lo bueno quedará; la escoria se quemará (1 Corintios 3.13–15).

Recuerde: fue Pedro quien le hizo a Jesús la pregunta en Mateo 19, a la que nuestro Señor respondió anunciando la «renovación de todas las cosas». Pedro estaba allí. Oyó a su Maestro decirlo. Y así concluye su pasaje al final de la era con estas palabras:

> Pero, según su promesa, esperamos un cielo nuevo y una tierra nueva, en los que habite la justicia. (2 Pedro 3.13)

Por demasiado tiempo los cristianos han entendido mal su destino. Hemos pensado que dejaríamos la tierra que amamos y subiríamos a un «cielo» etéreo en alguna parte. Tampoco. Dallas Willard fue uno de los más brillantes e influyentes líderes y pensadores cristianos del siglo XX. Gran parte de sus esfuerzos estuvieron orientados a ayudar a sus lectores a entender el evangelio de Jesús, que se centra en torno a esta verdad:

> La vida que ahora tenemos como las personas que ahora somos continuará y continuará en el universo en el que ahora existimos. Por supuesto, nuestra experiencia será mucho más clara, más rica y más profunda. Arraigada en la realidad más amplia y más fundamental del reino de Dios y, en consecuencia, tendrá un alcance y un poder mucho mayores.[2]

El «nosotros» que somos y el mundo que habitamos *continuará*. El erudito y teólogo N. T. Wright ha escrito mucho sobre este tema, y nos asegura que los primeros cristianos «creían que Dios iba a hacer por todo el cosmos lo que había hecho por Jesús en Semana Santa».[3] Pedro recoge el tema de la *palingenesia* en Hechos, declarando la Renovación que los judíos habían anticipado, solo ahora aclarada y posible a través de Jesucristo. En uno de sus famosos sermones, declaró exactamente lo que su Señor le había enseñado:

> «Por tanto, para que sean borrados sus pecados, arrepién-
> tanse y vuélvanse a Dios, a fin de que vengan tiempos de
> descanso de parte del Señor, enviándoles el Mesías que
> ya había sido preparado para ustedes, el cual es Jesús. Es
> necesario que él permanezca en el cielo hasta que llegue
> el tiempo de la restauración de todas las cosas, como Dios
> lo ha anunciado desde hace siglos por medio de sus santos
> profetas». (Hechos 3.19–21)

Jesús estará en el cielo *hasta* el Día prometido, cuando Dios «restaurará todo», o «hasta el tiempo para la restauración final de todas las cosas» (NTV). La palabra griega usada aquí para «restaurar» es otra palabra imponente: *apokatastasis*, que tanto en su uso bíblico como secular significa poner algo en su condición original. La forma verbal se usa en Marcos 3.1–6 cuando Jesús sana la mano seca de un hombre (demostrando la restauración). Pedro está reafirmando y elaborando sobre una convicción judía de larga data de que el Mesías devolve-rá las cosas «a su estado original, la renovación universal del mundo que restablece la integridad original de la creación».[4]

Así, Wright argumenta que «no es que nosotros vayamos a ir al cielo, sino que es el cielo que vendrá a la tierra... la respuesta final a la oración del Señor, que el reino de Dios vendrá y que se hará su voluntad en la tierra como en el cielo».[5]

Asombroso. ¿Cómo es que me he perdido esto toda mi vida? Y sé que no soy yo el único.

Nirvana, la «inexistencia total», como las esperanzas budistas, o la «eterna tranquilidad de la muerte», como esperan los hindúes, es tan poco convincente como la falsa creencia cristiana en la destrucción total de la creación.[6] La aniquilación es casi tan poco convincente como la *redención*.

Cuando comenzamos a desempacar las enseñanzas de Jesús y de sus discípulos a la luz de la expectativa judía —dramáticamente ilustradas por milagros realizados por Jesús como dar vista a los ciegos y resucitar a los muertos— la luz de la Gran Renovación comienza a irrumpir a través de la oscuridad en que hemos vivido largamente. Dios no se limita a desechar la creación y lo que hicimos en ella, sino que lo restaura todo.

Lo sé, lo sé, es mucho de una vez. Para la mayoría de nosotros, se trata de un replanteamiento total, aunque ha estado en las Escrituras durante siglos. Tómese un descanso. Respire profundo. Si lo siente necesario, tómese un vaso de agua, o algo más fuerte si prefiere. Se le ha dicho que su futuro es «la restauración de todas las cosas», cosas reales, la restauración de todo lo que usted ama.

¡No es de extrañar que todo comience con una gloriosa fiesta de celebración! «¡Dichosos los que han sido convidados a la cena de las bodas del Cordero!» (Apocalipsis 19.9). Este banquete de boda también está presagiado en la expectativa judía del reino que viene:

> Sobre este monte, el SEÑOR Todopoderoso
> > preparará para todos los pueblos
> > un banquete de manjares especiales,
> > un banquete de vinos añejos,
> > de manjares especiales y de selectos vinos añejos.
> Sobre este monte rasgará
> > el velo que cubre a todos los pueblos,
> > el manto que envuelve a todas las naciones.
> Devorará a la muerte para siempre;
> > el SEÑOR omnipotente enjugará las lágrimas de todo
> > > rostro,
> y quitará de toda la tierra
> > el oprobio de su pueblo.
> El SEÑOR mismo lo ha dicho. (Isaías 25.6–8)

Quizás esto fue lo que vi en mi sueño.

Hay una representación maravillosa y tangible de esta fiesta en el libro y la película *La comunidad del anillo*. Bilbo Baggins está celebrando su cumpleaños número 111 con un banquete extravagante a sus propias generosas expensas. La fiesta tiene lugar en una tarde de verano; el campo está en plena floración; hay faroles colgados en los árboles. Los fuegos artificiales no faltan en una fiesta al aire libre. Mesas de picnic, una pista de baile, pabellón, música en vivo, risas, alegría. Una comunidad entera está teniendo la fiesta de sus vidas.

Cuando nuestro hijo mayor, Sam, se iba a casar y estaba planeando la recepción, dijo: «Quiero la fiesta de Bilbo». ¿No lo quiere usted tambíen? La alegría, la tranquilidad, el compañerismo, la despreocupación: no hay reloj marcando la hora, no hay toque de queda, nadie va a llamar a la policía. Una vez que ha comenzado, solo tiene que seguir y seguir.

Jesús está esperando ansiosamente esta celebración: «Les aseguro que no volveré a beber del fruto de la vid hasta aquel día en que beba el vino nuevo en el reino de Dios» (Marcos 14.25). Jesús asume que viene un día cuando cosas muy reales como beber vino juntos tendrán lugar en el reino de Dios. Cuando todas las cosas sean hechas nuevas.

Tenemos varios capítulos por delante para desempacar lo que la renovación de todas las cosas significará para nosotros, y debemos desempacarlos. ¿Qué pasará con el cielo? ¿Qué incluye «todas las cosas»? ¿Participarán todos? ¿Estaremos acercándonos a su llegada? Nuestra imaginación está empobrecida y necesita un buen toque de resucitación. Pero, por ahora, hagamos una pausa y dejemos que esto empiece a filtrarse en nuestro ser: Dios prometió la renovación de todas las cosas. Él prometió hacer nuevas todas las cosas.

¿A qué se parece la Restauración?

Jesucristo es el precursor de la Gran Renovación, «el principio, el primogénito de la resurrección» (Colosenses 1.18). Él murió, como todo el mundo ha muerto y morirá. Pero al tercer día resucitó, dejando en la tumba su ropa de sepultura cuidadosamente doblada. (Un detalle muy conmovedor, yo podría añadir, como si dijera: «Y eso sería todo», como un hombre que se quita el pijama de franela cuando el invierno ya ha pasado). La mañana de resurrección, Jesús salió de la tumba radiantemente vivo, restaurado y todos lo reconocieron. El «nuevo» Jesús no es otra persona. Es el Jesús a quien amaban y conocían. Él anduvo con ellos, comió con ellos, como antes. Lo más sorprendente de las actividades posteriores a la resurrección de Jesús es que eran tan extraordinariamente *comunes*:

Al despuntar el alba Jesús se hizo presente en la orilla, pero los discípulos no se dieron cuenta de que era él.

—Muchachos, ¿no tienen algo de comer? —les preguntó Jesús.

—No —respondieron ellos.

—Tiren la red a la derecha de la barca, y pescarán algo.

Así lo hicieron, y era tal la cantidad de pescados que ya no podían sacar la red.

Al desembarcar, vieron unas brasas con un pescado encima, y un pan.

—Traigan algunos de los pescados que acaban de sacar —les dijo Jesús.

Simón Pedro subió a bordo y arrastró hasta la orilla la red, la cual estaba llena de pescados de buen tamaño. Eran ciento cincuenta y tres, pero a pesar de ser tantos la red no se rompió.

—Vengan a desayunar —les dijo Jesús.

Ninguno de los discípulos se atrevía a preguntarle: «¿Quién eres tú?», porque sabían que era el Señor. Jesús se acercó, tomó el pan y se lo dio a ellos, e hizo lo mismo con el pescado. (Juan 21.4–6, 9–13)

Esta es una escena muy hogareña, común, el tipo de cosa que usted esperaría encontrar a la orilla del lago Michigan o del Mississippi. Solo un grupo de tipos pasando el rato en la playa, preparando el desayuno para algunos amigos. La vida restaurada de Jesús es, sorprendentemente, como su vida «anterior». Como beber vino en la fiesta; tal como será la fiesta misma (¿Cuántos de ustedes piensan que van a *comer* en la vida por venir?). La Gran Renovación nos rescata de todas las visiones vagas, etéreas, inimaginables que nos han dado de una vida eterna en Algún Lugar allá Arriba. Cuando Jesús habla de la Restauración, lo hace en términos muy tangibles, señalando la recuperación de cosas normales como casas y tierras:

«Les aseguro —respondió Jesús— que en la renovación de todas las cosas, cuando el Hijo del hombre se siente en su trono glorioso, ustedes que me han seguido se sentarán también en doce tronos [...] Y todo el que por mi causa haya dejado casas, hermanos, hermanas, padre, madre, hijos o terrenos recibirá cien veces más y heredará la vida eterna». (Mateo 19.28, 29)

Aquí no hay táctica de «señuelo y cambio». La renovación de todas las cosas significa simplemente que la tierra que usted ama, todos sus lugares especiales y recuerdos que atesore serán restaurados y renovados y les serán devueltos a usted. Para siempre. Nadie parece haber oído esto ni haberle prestado mucha atención, porque, por un lado, nadie que conozco está fantaseando al respecto. ¿Cuándo fue la última vez que escuchó una conversación en Starbucks sobre la restauración de todas las cosas? Y por otro lado, a todos con que hablo sobre el tema veo que todavía tienen esas anémicas visiones del «cielo», como un lugar allá arriba en algún lugar, donde vamos a asistir al servicio de adoración eterna.

Mientras tanto fantaseamos con el crucero que quisiéramos que nos lleve a Italia, con el pastel de chocolate o con la chica en el cubículo de al lado. Por supuesto; estamos hechos para la felicidad absoluta.

Pero la restauración de todas las cosas... ahora eso cambiaría todo.

TODA LA CREACIÓN ESTÁ PROCLAMANDO

Desde los albores del tiempo, Dios ha venido declarando fiel y repetidamente a través de la naturaleza la promesa de la Gran Renovación. ¿Cómo es que no nos hemos dado cuenta? La creación no es un accidente; es *proclamación*. Una proclamación rotunda, audaz. (A usted lo rescatará de muchas cosas por lo que le conviene poner mucha atención). Cada primavera y cada verano Dios desarrolla ante nuestros ojos —con una contundencia ostentosa— el día de la Gran

Restauración. Este año significó más para mí que nunca antes.

El año que nunca quisiera volver a vivir incluía nueve meses de dolor crónico de Stasi, que terminaron con un reemplazo total de cadera (una cirugía brutal que no voy a describir aquí). Después de la cirugía pasé dos largos días en el hospital a su lado. Los hospitales son lugares melancólicos. No me malinterpreten. También pueden ser lugares de inmenso alivio y esperanza. Creo que las personas que sirven allí han tomado una postura heroica como aliados de la esperanza. Pero seamos honestos: viendo las cosas desde el punto de vista del usuario, nadie está allí porque *quiera* estar, a menos que alguien vaya a dar a luz. Se está allí porque algo anda mal, a veces muy mal. La gente no juega *frisbee* en los pasillos. Usted no va a oír a gente gritándose bromas. Los pasillos están llenos de tonos apagados y de sobriedad. Aparte del piso de maternidad, el personal, los pacientes y los visitantes todos están conscientes *de que este es un lugar serio. Alguien podría estarse muriendo en esa habitación por la que acabas de pasar.*

Después de varios días en una habitación de hospital con mi esposa, me metí en ese espacio mental donde crees que eso es todo lo que hay en este mundo: monitores sonando todo el día. Y toda la noche. El personal entrando y saliendo con urgencia, el estupor del reposo inducido por fármacos, las inyecciones intravenosas, los cuartos a baja temperatura y todo artificial. Salí de su habitación a las cinco y media para ir a comer algo y cuando me encontré en la calle, me inundó una onda tibia de noche de verano. Fue maravillosamente cálida; mi cuerpo se relajó inmediatamente. Mis ojos parpadearon para captar los colores. Vi nubes cúmulos que formaban torres para su *show* de esa noche. Pájaros en los árboles que no dejaban de cantar. Los álamos temblaban con una suave brisa; el rico aroma de las flores de la estación envolviéndome. De repente, me encontré sumergido en todas las maravillosas fragancias y sentimientos de la *vida* en su exuberante verano.

Era como experimentar la *palingenesia*.

El verano es la parada anual de Dios en nombre de la restauración de todas las cosas. Toda la naturaleza prácticamente gritándonos, porque somos lerdos para escuchar. Por eso es que nos encanta. Metemos todo lo necesario al auto y nos dirigimos al lago o al parque; cocinamos al aire libre para nosotros y para nuestros amigos, reímos hasta tarde en la noche estrellada; nos sumergimos en las aguas y nos tostamos al sol. De esta manera, obtenemos una buena e intensa bebida de Restauración. No es casualidad que el film clásico de aquellos dos jóvenes surfistas que recorren el mundo en busca de la ola gigante se titule *The Endless Summer* [El verano eterno]. Se lo estoy diciendo: el mensaje está en *todas partes*.

Dios está tratando de hacer dos cosas con la promesa en la tierra y en nuestros corazones: por un lado, está tratando de seducirnos a una expectativa esperanzadora y, por el otro, está tratando de elevar nuestra mirada al horizonte para que verdaderamente podamos vivir para la realidad que viene.

Sin duda, el invierno aun se hace sentir; pero, a menudo, a comienzos de la primavera ocurre así... La primavera llega lentamente; pero lo importante es que hemos doblado la esquina. Hay, por supuesto, una diferencia: en la primavera el azafrán no puede elegir si responderá o no. Nosotros sí podemos. Nosotros tenemos el poder de aguantar la primavera y volver a caer en el invierno cósmico, o de pasar a las «sublimes pompas de medio verano» en las que nuestro líder, el Hijo del Hombre, ya habita y a lo que él nos está llamando. Queda en nosotros la decisión de morir en este invierno, o entrar en esa primavera y en ese verano.[7]

Tenemos un impresionante regalo para desempacar, queridos lectores, y algunos capítulos para hacerlo. Pero debemos preparar nuestros corazones para recibir tal regalo, o se dejará caer sobre nosotros como lluvia sobre una tierra endurecida.

Fui al bosque el otro día con una caja de municiones y una vieja
Remington 870 de aire comprimido. Al salir de la casa le dije
a Stasi: «Vas a oír algunos disparos, y probablemente algunos
gritos. No te preocupes; estaré bien».

Tan pronto como entré en el bosque comencé a disparar a los
troncos podridos que encontré. Cuando ya no había más casquillos para disparar, dejé la escopeta y me dediqué a golpear las ramas muertas contra los troncos de los árboles que estaban de pie.
Y mientras lo hacía, no dejaba de lanzar grandes gritos al aire.

Me encontraba en la etapa de rabia y dolor, y necesitaba
sacarme eso de encima.

CAPÍTULO 3

Vamos a ser honestos

Nuestra imaginación magnifica tan poderosamente el
tiempo mediante reflexiones continuas sobre él que
minimiza la eternidad... Por querer una reflexión,
hacemos de la eternidad una nada y de una nada
una eternidad... Este es un juego peligroso.

BLAISE PASCAL, *Pensées*

Stasi y yo criamos tres hijos, tres muchachos muy muchachitos; no había charco al que no saltaran ni árbol al que no se subieran. Los tres. Si Tom Sawyer o los Niños Perdidos de *Peter Pan* hubieran crecido en una familia real, se habrían sentido muy a gusto con nosotros. Nuestra casa estaba llena de los gritos de una danza de guerra india o de los sonidos feroces de los sables de luz como el joven Jedi peleaba por la galaxia. Durante años, la hora de acostarse daba lugar a un ritual en el que me recostaba en el piso de su habitación compartida y les contaba historias sobre el Oeste Salvaje. Esos cuentos siempre comenzaban: «Había una vez tres vaqueros llamados Sam, Blaine y Luke...».

Nuestros hijos tuvieron algo muy raro en este mundo: tuvieron una infancia.

Todavía recuerdo ese nudo que se me formó en el estómago la noche antes de que Sam se fuera a la universidad. Nuestro pequeño clan se había reunido en la sala de la familia para orar, intuyendo que alguna forma de final flotaba sobre nosotros. Todos sabíamos qué era pero nadie quería nombrarlo. Nos sentamos en un círculo en el piso, el piso que había sido testigo de tantas mañanas navideñas, de tantas luchas cuerpo a cuerpo; el piso donde dimos la bienvenida a nuestro primer perro mascota cuando era un cachorrito y también donde lo despedimos en su vejez. Estaba tratando de encontrar algo qué decir. Las palabras de Bob Cratchit seguían volviendo a la mente, cuando la pérdida de Tiny Tim: «Como y donde sea que nos separemos, estoy seguro de que ninguno de nosotros olvidará... esta primera separación que hubo entre nosotros».[1] Traté de murmurar unas palabras y todo lo que dije fue: «Te amamos, Sam...».

Luke simplemente se lanzó a los brazos de su hermano mayor, interpretando lo que todo el mundo se sentía.

Odio las despedidas. De verdad que las odio.

Blaine se quedaría en casa dos años más. Durante ese tiempo, Blaine y Luke fueron uña y carne. Luego le llegó el turno a Blaine de irse a la universidad fuera del estado. Luke solo tenía un año en la escuela secundaria, y sabía que sería muy duro estar solo. Mi corazón de padre sufría por él. Por eso, cada mañana me levantaba antes que él para tomarnos juntos una taza de té (a Luke le encantaba el té). Compartíamos esos momentos de la madrugada en la cocina, sorbiendo nuestro té, a veces hablando, a veces simplemente en silencio. Luego orábamos y lo despedía para que fuera a vivir su día. Fue nuestro ritual cada mañana durante tres años: té y oraciones.

A medida que se acercaba el mes de mayo que marcaba su último año, podía sentir de nuevo ese nudo que se formaba en mi estómago igual al anterior, pero esta vez aún más grande. Sabía que llegaría la mañana cuando tendríamos nuestra última taza de té. La escuela secundaria terminaría, el verano pasaría demasiado rápido, y Luke se dirigiría a la universidad. Estos días estarían terminados para siempre. Cuando Stasi y yo regresamos a casa después de dejarlo en la universidad que había elegido, entramos en una casa vacía. Bajé a la habitación de Luke, apagué las luces y cerré la puerta. Una era había terminado. Veinticuatro años de vida con hijos en casa, y en un momento los días dorados de la infancia y la familia se habían ido.

A la mañana siguiente preparé una taza de té para mí solo.

Como nuestra sombra, la verdad siempre está allí. No la vemos muy a menudo, pero sabemos que la vida es una larga serie de despedidas. Ya usted le ha dicho adiós a sus años de niñez, y con ellos probablemente a su ciudad natal y a la casa en la que creció, para no hablar de sus amigos de la infancia. El mejor de nosotros podría quedarse con uno o dos compañeros de juegos de nuestra juventud, pero capturar renacuajos con Danny en el arroyo no se recupera a través de una tarjeta de Navidad. Si usted en su infancia tuvo una mascota, también le habrá dado ese cruel adiós. He tenido clientes para quienes el haberse despedido de sus mascotas seguía siendo una de las heridas más grandes de sus vidas. La mayoría de nosotros dijimos adiós a nuestros primeros enamorados, sintiendo como si alguna parte dorada de nuestra inocencia quedara atrás con ellos. La mayoría de ustedes han dejado su primer apartamento después de casarse y todos sus gratos recuerdos.

Si hace un alto y piensa en ello, verá que hasta ahora ha dicho muchas despedidas en su vida. Y, quieras que no, sabemos que muchas más estarán llegando. Creo que es por eso que odio incluso esos pequeños adioses, como cuando los niños se van después de una visita el día de Acción de Gracias. Stasi me dijo la última vez: «Esta es nuestra vida ahora: mantenernos diciendo adiós».

Oh, amigos, por eso la esperanza es muy valiosa. Es nuestro salvavidas, el ancla de nuestras almas. Y por eso es tan importante saber dónde está puesta nuestra esperanza, para ayudarle a aterrizar en el lugar correcto.

PROTEGER LA ESPERANZA

Siempre me extrañó que Dios tuviera que mandarnos a que lo amemos. (Es el primero y el más grande de todos los mandamientos). Ahora lo entiendo mejor. Cuando Dios nos llama a amarlo como nuestro «primer amor», no es solo porque él merece ocupar ese lugar en nuestros corazones, sino también porque él sabe el dolor que sentiremos cuando nos llegue y nos encuentre fuera de orden. Si usted da la parte de su alma que está destinada a Dios a cosas menores, le romperán el corazón porque simplemente no podrán ayudarle en las formas que Dios puede. Nadie más que él jamás lo dejará ni lo abandonará. El plan es rescatarlo del desastre.

Muchos de ustedes han comenzado a descubrir el gozo y la libertad que amar a Dios trae por el resto de sus vidas. Al mantener a Dios como nuestro primer amor, no nos sentiremos fracasados cuando otros fallen en amarnos. Seremos capaces de enfrentar la crítica, la soledad y el rechazo. Nuestros otros amores serán capaces de encontrar su expresión completa y sana, y nosotros seremos capaces de florecer como seres humanos. Anclados en el Amor Verdadero, nuestros corazones pueden seguir adelante para amar. Porque primero tenemos lo primero, como dice el refrán.

La esperanza funciona de la misma manera.

Cuando nuestras esperanzas estén puestas en sus lugares apropiados, unidas a las cosas correctas, no solo nos desarrollamos mejor como seres humanos, sino que somos rescatados de una multitud de angustias. Porque no todas las esperanzas son creadas iguales; hay esperanzas ocasionales, esperanzas preciosas y esperanzas supremas.

Las esperanzas ocasionales son esperanzas rutinarias, de la vida diaria: «Espero que no llueva este fin de semana»; «Espero que podamos conseguir entradas para el juego»; «Realmente espero que este vuelo llegue a tiempo». No hay nada malo con esta clase de esperanza; está en la naturaleza humana tenerlas. Creo que cuando usamos a menudo la palabra «espero» estamos demostrando un alma saludable. Mi esposa lo hace. «Espero que este pastel resulte», lo que significa que ella se preocupa por la cena que está preparando. «Espero que el próximo año podamos ir al Parque Teton», lo que significa que ella se preocupa por los sueños y los recuerdos familiares. La esperanza demuestra que su corazón sigue vivo.

Pero, por supuesto, esas esperanzas ocasionales no son nada comparadas con nuestras esperanzas preciosas: «Espero que este embarazo vaya bien»; «Espero que Dios oiga mis oraciones por Sally»; «Espero que la tomografía computada no revele nada malo». Las esperanzas preciosas son mucho más profundas en nuestros corazones, y tienden a alimentar nuestras más fervientes oraciones.

Aún más profundas están nuestras esperanzas supremas, nuestras esperanzas de vida y muerte. Me atrevería a sugerir que las únicas cosas que pertenecen a la categoría de esperanzas supremas son las que destruirían su corazón y su alma si no se cumplen. «Espero que Dios pueda perdonarme». «Espero que de alguna manera mis errores puedan ser redimidos». «Espero volver a verte».

Seguramente se habrá dado cuenta de que muchas personas han dejado que sus esperanzas deambulen sin rumbo fijo. Han hecho de las esperanzas ocasionales esperanzas preciosas y han convertido las esperanzas genuinamente preciosas en esperanzas críticas o definitivas. El hombre que se suicida porque su amada escogió a otro ha tomado una esperanza preciosa y la ha convertido en el resultado de su propio ser.

Yo diría que cuando una esperanza ocasional no se hace realidad, nos decepcionamos, pero no más que eso. Nos sentimos abatidos por un momento o por un día. Cuando una esperanza preciosa se rompe, puede romperle el corazón. No podrá recuperarse por una semana o cinco años, dependiendo de la pérdida y los otros recursos de su vida. «La esperanza frustrada aflige al corazón» (Proverbios 13.12). ¿No es así?

Pero cuando una esperanza *suprema* queda sin respuesta, el resultado es una devastación de la que nunca se recuperará.

Hay otra forma de medición parecida: cuando nuestras esperanzas ocasionales se ponen de repente en duda, provocan preocupación, pero nada más. Cuando ocurre esto con las esperanzas preciosas, puede dar paso al miedo y a la ansiedad. Pero si lo mismo ocurre con las esperanzas supremas, sacuden el alma hasta su mismo núcleo. Seré franco con usted: muy pocas cosas merecen el lugar en su corazón hecho para la esperanza suprema.

Aquí está mi punto: la renovación de todas las cosas está destinada a ser su primera esperanza en el entendido de que Dios es su Primer Amor. Si la renovación de todas las cosas no es la respuesta a sus sueños más apreciados, si no está listo para vender todo y comprar este campo, entonces usted ha puesto sus esperanzas en otro lugar.

Casi todo el mundo lo ha hecho.

No podemos avanzar en nuestra búsqueda de la *palingenesia* si no nos enfrentamos honestamente con la verdad. Si no lo hacemos, todo esto no será más que una mera curiosidad. Interesante, pero no el rescate que nuestros corazones necesitan tan desesperadamente. Luchamos con esta esperanza. Oímos de la Renovación y nos decimos: *Bueno, no está tal mal. Nunca lo había oído decir de esta manera*, y seguimos con nuestra búsqueda desesperada por el reino ahora.

Usted tiene un corazón para el reino, para la Gran Restauración. Dije antes que saber esto sobre usted podría ser lo más importante; es un lente por el cual puede entender sus anhelos, temores, adicciones, enojos, sin mencionar las acciones de la raza humana. ¿Dónde está puesto su corazón del reino en estos días? ¿Se siente avergonzado por él? ¿Qué está haciendo actualmente con él? ¿De qué está fantaseando? A donde llevemos nuestras fantasías es una forma útil de saber lo que estamos haciendo con el corazón de nuestro reino.

Buscando el reino

La costa norte de Kauai es uno de los lugares más hermosos de la tierra, y los prados por sobre los acantilados con vista a la playa Anini son algunas de las últimas tierras abiertas en ese paraíso. Desde esas verdes praderas pueden verse las ballenas y los delfines jugueteando en las aguas del Océano Pacífico y las olas estrellándose contra el acantilado. Es un lugar encantador que proyecta un hechizo parecido al Edén incluso al turista más desaprensivo. Un amigo nuestro ha estado trabajando en la protección de esas hermosas praderas. Nos llevó allí el invierno pasado para disfrutar de una vista que pronto podría estar disponible solo para los muy ricos. El terreno ya ha sido marcado para construir pequeños «ranchettes» de poco más de dos hectáreas con un valor de varios millones. Añada la casa requerida central que debe construirse y el monto se alza por sobre los veinte millones de dólares. «Los ricos jóvenes han descubierto Kauai», nos dijo nuestro amigo. «Zuckerberg ya tiene su "ranchette" aquí; también gente de Apple y Google. Este es un buen sitio para vivir».

Nos quedamos allí viendo las gaviotas y las fragatas que se elevaban sobre las cálidas corrientes ascendentes, bebiendo de aquella belleza que aparentemente solo el dinero puede comprar. Había estado lloviendo. Un arco iris apareció sobre los exuberantes acantilados a nuestra derecha. Daba la impresión que la belleza intacta del lugar se ha mantenido así con el paso del tiempo desde que las islas se formaron. Belleza impecable. Olvidándome de lo que significa la promesa, mi corazón me empezó a doler de nuevo por la vida como estaba destinada a ser, y empecé a luchar internamente tratando de averiguar cómo podíamos llegar a tener nuestra propia pequeña porción de Edén.

«Ellos están buscando el reino», dijo Stasi. «Están tratando de comprar el reino».

Y con eso, el hechizo se rompió. De repente, la vacuidad de todo quedó clara, no el anhelo del cielo en la tierra, sino el aferramiento para comprarlo, para arreglar nuestra porción de la *palingenesia*.

———

Ahora bien, la mayor parte de la raza humana no tiene el dinero que les permita comprar el paraíso, seguro que no, pero eso no detiene nuestra hambre voraz o nuestra búsqueda desesperada. Ayer me encontraba sentado en la sala de espera de mi dentista, poniéndome al día con una lectura ligera. La revista que elegí había sido dedicada al ciclismo de montaña. El artículo que me propuse leer se titulaba «Kingdom Come» [El reino de los cielos], un sitio para esta modalidad de ciclismo en la zona rural de Vermont. Como si el cielo hubiera bajado a la tierra. Pero cada deporte tiene su publicación de fantasía, su pornografía: surfear, esquiar, navegar, viajar, lo que sea. Esas exquisitas revistas fotográficas están llenas de hermosos lugares donde se puede encontrar Shangri-La.

Nathaniel Hawthorne escribió: «Nuestro Creador nunca habría hecho días tan hermosos y nos hubiera dado los corazones tan profundos para disfrutarlos por encima y más allá de todo pensamiento, si no nos hubiese destinado a la inmortalidad».[2] El anhelo, sin embargo, no es el tema; nuestro tiempo lo es. Seguimos confundiendo y olvidando el mensaje de la promesa: debemos esperar la renovación de todas las cosas si vamos a tratar de encontrar el cielo en la tierra.

Me preocupa la creciente sofisticación de los videojuegos y la «realidad virtual». La tecnología ha saltado años luz desde *Pac-Man* y *Mario Brothers*. Ahora tenemos complejas líneas de historia ambientadas en impresionantes mundos de fantasía. Allí puede tener aventuras maravillosas y ejecutar acciones heroicas. La serie *Assassin's Creed* [El credo del asesino] ha vendido cerca de cien millones de copias a partir de junio de

2015, y la franquicia Elder Scrolls cuenta con más de cuarenta millones de copias en todo el mundo.[3] La razón de su impresionante popularidad va mucho más allá del escapismo. En esos juegos, los «reinos» tocan la misma hambre en nuestras almas que Dios hizo para la *palingenesia*.

Pero tal vez usted no sea un aficionado a los videojuegos, así que déjeme referirme a algo mucho más común: la «lista del cubo». El eufemismo es vernáculo de casa, al menos en el mundo occidental, donde los ingresos proporcionan algo de espacio para soñar despierto. «¿Qué hay en su lista del cubo?» es una tarifa estándar de un coctel y una pregunta usada en entrevistas cuando el empleador potencial está tratando de «conocerle».

Por algún tiempo tuve una reacción embarazosa a las listas de los cubos, y solo recientemente he entendido por qué. Amigos y conocidos han hablado con entusiasmo acerca de algo en su lista —navegar a Tahití, visitar la Tierra Santa, un recorrido en moto por Asia—, y me siento totalmente desconcertado. Al principio pensé que era porque yo no tengo una lista del cubo y ni siquiera puedo nombrar las cosas que incluiría en mi lista. Me decía: *Tal vez yo no me permito soñar.* Pero la claridad se hizo cuando pensé mejor sobre la Restauración.

La renovación de todas las cosas está destinada a ser el centro de nuestra visión del mundo, nuestras esperanzas y nuestras expectativas tangibles mientras planificamos nuestras vidas hacia el futuro. La frase «lista del cubo» proviene de la expresión «patear el cubo», el día en que nos rendimos. Una lista de pendientes significa aquellas cosas que esperamos hacer antes de morir. Es decir, ahora o nunca, nena. La mentalidad de la lista de cubos es muy reveladora e incluso más trágica, porque traiciona nuestra creencia de que esta vida es, *realmente*, nuestra única oportunidad. Después de todo, creemos que la tierra será destruida y nosotros nos iremos a los bancos de iglesia del cielo. No es de extrañar que la raza humana se vuelva más desesperada en nuestra búsqueda de falsificaciones del reino.

Creo que este es el secreto detrás de la explosión de la desviación sexual en todo el planeta. Cuando *millones* de niños son inducidos anualmente a entrar en el comercio sexual, cuando la pornografía y la prostitución son industrias de miles de millones de dólares, cuando una de cada cuatro niñas y uno de cada seis niños serán abusados sexualmente antes de llegar a la edad adulta, tenemos un mundo donde el deseo sexual ha llegado a ser psicopático.[4] El siguiente paso es la realidad virtual que nombré arriba. Cuando la experiencia erótica íntima va más allá de las relaciones humanas normales y se hace disponible de cualquier manera, en cualquier momento, perderemos más millones de almas en la adicción oscura.

Como he explicado en el capítulo 1, los seres humanos son criaturas voraces. Nuestra esperanza no tiene fundamento ni ataduras. Un anhelo de hambre nos empuja a buscar algún tipo de alivio. Las instituciones tradicionales destinadas a anclar la psicología humana casi se han desmoronado, liberando a la voraz bestia para que alcance sin control cualquier opción oscura. Inevitablemente, algo o alguien se interpone en el camino, y estamos listos para matar. Así es el odio que está estallando en todo el mundo. Vivimos tiempos malvados y violentos y me temo que las cosas empeorarán para cuando este libro aparezca publicado.

El odio habla de *desesperación*. La desesperación habla de la incredulidad de nuestra alma en la Restauración. Es así de simple.

Enfrentando lo inevitable

Un amigo mío, dramaturgo dotado, ganó un premio por su guion sobre un hombre muriendo de SIDA. El protagonista es un joven artista entrañable que se va haciendo más débil y frágil a lo largo de la obra. Aun así, tiene una compulsión conmovedora de tomar fotos de polaroid de personas y cosas que le parecen interesantes; mira las imágenes cuando aparecen y luego las guarda en su mochila. Es una obsesión conmovedora, por supuesto, porque está muriendo, y ningún intento de aferrarse a su mundo lo impedirá. Nosotros la audiencia experimentamos una triste empatía por él: *Pobre muchacho, él no los necesitará*. Y pierde la perspectiva completamente. Nosotros somos él.

Dirás el último adiós a tus padres. Es inevitable.

Dios no quiera que tenga que darle el último adiós a su hijo.

¿Qué es eso, mis lectores, a que quieren aferrarse? Si usted ama su condición atlética, seguramente se dará cuenta de que no podrá continuar así para siempre; con el tiempo, su cuerpo

---

sucumbirá a la edad y su rendimiento disminuirá con cada año que pase. Inexorablemente. Si disfruta su mente, entiende que su mente se irá oscureciendo con la edad, incluso si logra esquivar la demencia a nivel alto; se le irán olvidando las cosas hasta tener la capacidad mental de un niño. ¿Y las personas a las que ama? Los perderá a ellos o ellos lo perderán a usted. Su vida no es más que una brisa pasajera, «un soplo nada más es el mortal» (Salmos 39.5). El otoño y el invierno de tu vida llegarán; quizá muchos de ustedes ya los hayan visto llegar. Ese invierno no tiene vuelta atrás.

Ustedes entienden, queridos amigos, que les dirán adiós a todos los que aman y a todo lo que sigue queriendo.

No soy fatalista, ni siquiera pesimista. Muchas cosas me producen alegría. Soy prácticamente hedonista en mi amor por la vida. Una novela basada en la vida de Vincent van Gogh lleva un título muy apropiado para mi amor por la vida: *Lust for Life* [Pasión por la vida]. Pero si vamos a abrazar la esperanza que Dios tan generosamente extiende ante nosotros, debemos ser honestos acerca de la naturaleza de *esta* vida. Como admitió Henri Nouwen:

Nuestra vida es un tiempo corto en expectativa, un tiempo en el cual la tristeza y la alegría se besan a cada momento. Hay una cualidad de tristeza que impregna todos los momentos de nuestras vidas. Parece que no hay tal cosa como una clara alegría pura, porque incluso en los momentos más felices de nuestra existencia sentimos un matiz de tristeza. En cada satisfacción, hay una conciencia de limitaciones. En cada éxito, hay un temor por los celos. Detrás de cada sonrisa, hay una lágrima. En cada abrazo, hay soledad. En cada amistad, distancia. Y en todas las formas de luz, hay el conocimiento de la oscuridad circundante.[5]

O, como Pablo dijo: «Si nuestra esperanza en Cristo es solo para esta vida, somos los más dignos de lástima de todo el mundo (1 Corintios 15.19, NTV).

La primera vez que perdí un amigo muy querido fue en mayo de 1998. Brent y yo acabábamos de ser coautores de nuestro primer libro. Compartimos una práctica de consejería. Murió en un accidente de montañismo en el primer retiro que dirigimos juntos. Recuerdo bien el dolor. Era insoportable. Recuerdo haber dicho que no lo desearía ni a mi peor enemigo. La muerte es un ataque tan violento al diseño de Dios para nuestras vidas que nuestras almas la experimentan como un trauma. Me tomó años recuperarme.

Y luego este verano, sucedió de nuevo. Sé exactamente dónde estaba cuando llegó la llamada. Puedo describirle la calzada de grava y los arbustos que había delante de mí, la pila de leña debajo de ellos. Los traumas hacen eso: guardan recuerdos en su alma como un hierro al rojo.

Craig y yo nos conocimos en 1979. Compartimos una afición por el turismo mochilero y las bellezas naturales incomparables. Ambos habíamos salido de la cultura de la droga y del movimiento de Jesús. Habíamos trabajado como conserjes en la misma iglesia. A lo largo de los años nos vimos empezando nuestras propias familias y pasándonos a nuevos trabajos. Siete años atrás le diagnosticaron leucemia. Pasó por una serie de exámenes. Algunos de ellos lo llevaron al infierno y lo trajeron de vuelta. Pero esta primavera hubo signos prometedores: el nuevo protocolo parecía estar funcionando maravillosamente bien. Sus médicos dijeron que en un mes o dos estaría recuperado. Sin embargo, de repente comenzó a tener dolores abdominales. Ocurrió en mayo, como había sucedido con Brent, un tiempo que traía el mismo tipo de puñalada extra ya que mi padre murió el fin de semana del Día del Padre. Craig y su esposa, Lori, tuvieron que faltar a la boda de Luke por tener que bajar a Houston para más pruebas.

Una tomografía computarizada reveló la peor de todas las pesadillas: su cáncer se había transformado en linfoma. Es posible que algunos de ustedes hayan perdido un ser querido por linfoma por lo que deben de saber lo que significa ese diagnóstico. Es un cáncer voraz e intratable; es el tipo de diagnóstico en el que simplemente se le dice al paciente: «Pon tus cosas en orden».

El problema con el dolor es que abre la puerta al cuarto de su alma donde se encuentran almacenadas todas sus otras aflicciones. Lo que puede ser bueno si usted lo maneja bien, aprovechando la oportunidad para sanar de todos los otros dolores a los que no les ha prestado mucha atención. Pero aun así, se empieza a sentir que la vida es solo eso y siempre será perder. Después de haber lanzado mi celular al patio del vecino, di un largo paseo. Luego Stasi, Sam, Susie y yo nos sentamos en el porche durante una hora o algo así. Lloramos, pero casi no hablamos. ¿Qué habría que decir? Finalmente, Sam dijo:

—Solo está Jesús.

Sam es un observador agudo de personas y situaciones. Tiene un ojo rápido para la verdad que no todos quieren admitir. Es el chico de la fábula que dice que el emperador está desnudo. Solo habían pasado dos meses desde que había enterrado a su primer hijo, Patrick. Ahora sería Craig. Él sabía lo que eso significaba para mí. Para todos nosotros. Pero creo que también había viajado bastante rápido rumbo a lo inevitable: que un día recibiría esa llamada telefónica, llevando noticias sobre su mamá o sobre mí.

—Sí —dije. Solo está Jesús. Lo que crees sobre el reino lo cambia todo.

Cosas extrañas vienen a tu mente en momentos como estos. Pensé en ese pasaje de Eclesiastés, que dice: «Mejor es ir a una casa de luto que ir a una casa de banquete» (7.2a, LBLA). Nunca he simpatizado con ese versículo. He estado en casas de luto. Esas han sido las visitas más difíciles que he hecho en mi vida. Cuando Brent murió, fui yo quien llevó la noticia a su esposa y a sus dos hijos. Nunca olvidaré los lamentos de esos muchachos. Ahora tendría que hacer otra de esas visitas. No solo ir y salir, sino ir y quedarme. Estaba pensando en escribir este libro mientras estábamos sentados en el porche y en la bondad de Dios al mostrarme estas verdades en un momento de pérdidas tan grandes y tan recurrentes. Salomón estaba simplemente tratando de decir que mientras no enfrentemos los hechos, seremos seres humanos engañados, «la muerte te espera y es bueno pensar en ello mientras que te quede tiempo» (v. 2b, NBD).

Solo está el reino, amigos. Todo lo demás se le irá por entre los dedos, no importa con cuanta fuerza lo quiera retener. ¿Por qué luchamos contra esta esperanza, manteniéndola a distancia? Asentimos en agradecerla, pero le pedimos que se quede fuera de nuestro entorno. Es como si algún poder o fuerza estuviera en connivencia con nuestros temores más profundos y nos mantuviera a todos bajo un hechizo. Pascal lo entendía:

Nada es tan importante para el hombre como su propio estado; nada es tan formidable para él como la eternidad. Y así no es natural que haya hombres indiferentes a la pérdida de su existencia y a los peligros del sufrimiento eterno. Ellos son muy diferentes con respecto a todas las otras cosas. Les tienen miedo a simples bagatelas; las anticipan; las sienten. Y este mismo hombre que pasa tantos días y noches enrabiado y desesperado por haber perdido su trabajo, o por algún insulto imaginario a su honor, es el mismo que ni se inmuta cuando llega a saber que perderá todo cuando le llegue la muerte. Es monstruoso ver en el mismo corazón y al mismo tiempo esta sensibilidad a las nimiedades y esta extraña insensibilidad a lo más importante. Es un encantamiento incomprensible, un sueño sobrenatural, que indica como su causa es una fuerza todopoderosa.[6]

Pascal estaba desconcertado, atónito. ¿Cuál es este oscuro encantamiento que impide que la raza humana se enfrente a lo inevitable? Usted no podrá proteger su esperanza a menos que se enfrente con lo inevitable. Madurez quiere decir vivir sin negaciones. Pero estamos inyectándonos negación y lo estamos haciendo directamente a nuestras venas. Nos aferramos a lo que sea para evitar lo inevitable. Entregamos nuestras esperanzas a todo tipo de falsificaciones y sustitutos del reino. Entregamos nuestros corazones a meros bocados. Confundimos la promesa del reino con la realidad y entregamos nuestro ser a su sombra.

Pero cuando levantamos la bandera blanca, cuando finalmente aceptamos la verdad de que perderemos todo de una manera u otra, completamente, irrevocablemente, entonces la Restauración llega a ser una noticia más allá de nuestros sueños más apreciados.

¿QUÉ PASARÍA SI...?

Permítame llevarle de vuelta a la última taza de té, la separación de Luke y el final de la infancia de nuestra familia. Era el sábado de su graduación de escuela secundaria. Ya habíamos pasado por otros dos sábados iguales de modo que conocíamos bien el ritual. Yo creo en los rituales. Son los últimos postes señalizadores que quedan en una cultura de lo efímero. Pero mientras permanecíamos sentados, incapaces de detener la ceremonia y veíamos a Luke acercarse lentamente al escenario con toga y birrete, estuve a punto de echarme a llorar. *¿Y todo esto es para que un día lo perdamos?* clamaba mi corazón a Dios.

Dime, ¿cómo es que todo esto lo vamos a perder? En ese momento, todo parecía una pérdida.

Jesús me respondió de inmediato: *Oh, John, nada está perdido.*

Algunos de ustedes quizás han experimentado en un sermón, durante un estudio bíblico, en un tiempo de oración o en la oficina de un consejero la capacidad de Jesús para comunicar un concepto completo en un solo momento. Usted tiene una revelación. El Creador de nuestra mente y alma puede darnos un entendimiento amplio como por transfusión. Permítame poner en palabras la revelación que me hizo Jesús ese día, mientras permanecíamos sentados en la fila cuarenta y dos durante una ceremonia habitual de la escuela secundaria. Me dijo algo como esto:

Cuando venga el reino, mi querido amigo de corazón quebrantado, nada que sea precioso para ti en esta vida se perderá. Ni recuerdos, ni acontecimientos, ni nada de tu historia o de la de ellos, se perderá. ¿Cómo podría perderse? Todo se mantiene seguro en el corazón del Dios infinito, que abarca todas las cosas. Guardado seguro fuera del tiempo en los tesoros del reino, que trasciende todos los tiempos, sin embargo, los honra. Todo esto te será devuelto en la Restauración, así como tus hijos volverán a ti. No se pierde nada.

El efecto fue casi instantáneo. Pasé de un padre desolado diciendo adiós —no solo a nuestro último hijo, sino a toda una era— a un hijo amado que acababa de recibir un anticipo de la mañana de Navidad que vendrá sobre toda la tierra. Sufrí una transformación emocional completa. Todo el tiempo se detuvo en el momento ante ese momento. Ahora estaba completamente bien. Mi cuerpo relajado de nuevo en la silla como si hubiese completado recién un crucero por el Caribe. Quería gritar: «Puedes seguir adelante, ahora estoy bien».

No se pierde nada.

Si usted soltara a su cólera y a su cinismo aunque sea por un momento, solo por un momento, entonces su corazón va a respirar tranquilo.

Anoche soñé de nuevo con el reino.

Esta vez vi caballos, por lo menos cincuenta o sesenta. Galopaban por campos de hierbas altas. La gracia y la libertad de su paso atronador eran impresionantes. Como telón de fondo se veían montañas cubiertas de nieve que se elevaban majestuosas contra el cielo. Las estepas parecían de la Patagonia. En la escena se percibía una frescura, como la mañana de la creación.

Pensé que eran caballos salvajes; pero no. Había jinetes.

De repente, yo también me encontraba en la escena, cabalgando con ellos. Llegamos a un terraplén y luego a un arroyo. Caballo y jinete redujeron su paso, y tan pronto que llegamos a la otra orilla, echamos a cabalgar, raudos como el viento. Fue un juego glorioso de algún tipo, lleno de energía vigorosa.

Cuando me desperté pensé, Seguramente estoy inventando esto. Tomé el desayuno y me fui al trabajo. Allí, en un rincón de la ciudad, donde nunca había visto tal cosa en veinte años de vivir aquí, había jinetes a caballo. Como si Jesús estuviera diciéndome: ¿Me crees ahora?

Sí. Te creo.

La nueva tierra

*Le parecía que su felicidad era completa cuando, a
fuerza de vagar a la ventura, de repente llegó al borde de
un río caudaloso. Nunca en su vida había visto un río,
ese animal de cuerpo entero, reluciente y sinuoso que,
en alegre persecución, atrapaba las cosas con un gorjeo
y las volvía a soltar entre risas, para lanzarse de nuevo
sobre otros compañeros de juego, que se liberaban...
Todo temblaba y se estremecía: centelleos y destellos y
chisporroteos, susurros y remolinos, cháchas y borboteos.
El Topo estaba embrujado, hechizado, fascinado.*

KENNETH GRAHAME, *The Wind in the Willows*

Creo recordar cada tienda en la que he dormido. Mi
padre poseía un antiguo modelo, excedente del ejército
de la Segunda Guerra Mundial. La llevábamos cuando íbamos

de pesca al río Kern. El olor a humedad de lona aceitada sigue trayéndome, cincuenta años después, recuerdos de aquellos días de aventuras. Todavía tengo la primera tienda de mochila que me compré en 1979. Ya casi no se puede usar, pero no puedo soportar deshacerme de ella, con todos esos recuerdos que guarda. Este verano, cuando fui solo a las montañas para recordar mis tiempos de mochilero con Craig, me encantaba despertar en una tienda de campaña. Me remontaba a ese sentido mágico de aventura que viene tan naturalmente a un niño, cuando me despertaba en mi pequeña cama tipo tienda de campaña y me daba cuenta de que al lado afuera de la puerta de mi cuarto me esperaba un día de aventuras interminables.

No hay nada como salir a un mundo esplendoroso que le da la bienvenida. Esta es la razón por la que la gente va de vacaciones a lugares hermosos. Es también el secreto de las historias que nos cautivan, ese momento mágico en el que el héroe o la heroína entra en un mundo nuevo y fascinante. Es posible que todavía recuerde cuando quedó sin aliento y con el corazón en la mano la primera vez que siguió a Lucy a través del fondo del armario hasta un bosque nevado. Los lectores más viejos pueden recordar una escena de la primera película de «La guerra de las galaxias», cuando el joven Luke Skywalker sale de su casa en los desiertos de Tatooine para encontrarse con no uno sino *dos* soles en el horizonte. Dos soles que evocaban brillantemente esa sensación de «otredad» y asombro. Personalmente, me encanta el momento en *El alquimista* cuando Santiago se embarca con la caravana a través del Sahara.

Estamos preparando nuestros corazones para recibir la esperanza que solo ella puede ser el ancla de nuestras almas. Llegará el día muy pronto en que entre en una tierra renovada, una tierra joven, que brillará como un huerto de cerezos después de una lluvia. La alegría será toda suya. ¿Cómo abrir nuestros corazones a esto, después de tanto dolor y decepción? Hemos perdido muchas cosas al pasar por los campos de batalla de este mundo destrozado por la guerra; nuestra humanidad ha sido despojada de su bondad esencial. Una de nuestras mayores pérdidas ha sido el don de maravillarnos, el cual es la entrada al corazón del reino. Pero cada uno de nosotros tiene lugares especiales e historias favoritas que todavía son capaces de despertar ese don.

Nos encanta encontrarnos en la sencillez del condado del *hobbit*, pero nuestros corazones empiezan a correr cuando Frodo sabe que debe huir para nunca más volver. La maravilla crece a medida que avanzamos hacia los reinos desconocidos: el Bosque Viejo, la Posada del Póney Pisador, el viaje a través del desierto con un montaraz del norte que se conoce con el nombre de Strider. Rivendel encanta, pero el sabor de la aventura peligrosa regresa cuando la comunión se establece en la búsqueda de la cual depende toda la Tierra Media:

> Cruzaron el puente y remontaron lentamente los largos senderos escarpados que los llevaban fuera del profundo valle de Rivendel, y al fin llegaron a los páramos altos donde el viento siseaba entre los brezos. Luego, echando

una mirada al Último Hogar que centelleaba allá abajo, se alejaron a grandes pasos perdiéndose en la noche.[1]

A veces, incluso una simple frase como «se alejaron a grandes pasos perdiéndose en la noche» puede despertar en nosotros una sensación de anhelo que es casi imposible de contener. Hay partes de nosotros, no importa cuán profundamente enterradas estén, que todavía nos hacen recordar que fuimos hechos para esto.

Al héroe de *Avatar* se le ofrece «un nuevo comienzo en un nuevo mundo». Creo que eso ayuda a explicar el éxito rotundo de la película. Sigue ostentando el récord mundial de taquilla, habiendo recaudado hasta ahora más de *dos billones de dólares*. Para ser honesto, no es la mejor historia jamás contada; de hecho, es como cualquiera historia jamás contada. El encanto está enteramente en el nuevo comienzo que se le da al héroe y el mundo mágico en sí mismo, Pandora, una luna tropical como del Edén. Es un mundo lleno de cuento de hadas, con maravillas a cada paso: islas que flotan en el cielo, bestias míticas, flores que brillan por la noche que se alejan cuando las toca.

Narnia, Tierra Media, Pandora, Tatooine: son nuevos mundos y, sin embargo, no son *enteramente* nuevos. Hay árboles y arroyos, desiertos y animales en cantidad suficiente para que sean familiares a nuestro propio mundo, pero lo suficientemente diferentes como para ser encantadores. Chesterton creía que este era el secreto del romance: la mezcla de lo familiar y lo nuevo, «para estar a la vez asombrado por el mundo y todavía en casa en él».[2] Sentía que la razón por la que todas las épocas siguen leyendo cuentos de hadas no es para escapar de nuestro mundo, sino para volver a *encantarlo*: «Estos cuentos dicen que las manzanas eran de oro solo para refrescar el momento olvidado cuando nos dimos cuenta de que eran verdes». Hacen correr ríos de vino solo para hacernos recordar, por un momento, que corren con agua».[3] O corren con el agua de vida.

Nuestros corazones anhelan recuperar la capacidad de asombro; esta es una de las razones por las cuales solo el corazón de un niño puede recibir el reino. Recuerde: volveremos a ser como niños:

> «Dejen que los niños vengan a mí. ¡No los detengan! Pues el reino de Dios pertenece a los que son como estos niños. Les digo la verdad, el que no reciba el reino de Dios como un niño nunca entrará en él». (Marcos 10.14, 15, NTV)

El adulto que hay en nosotros dice: *Qué conmovedor,* y en el momento siguiente lo rechaza para seguir con nuestras vidas de adultos. Pero Jesús está siendo absolutamente serio, y gracias a Dios. Porque es el corazón de niño que todavía está en nosotros que ama a Mos Eisley, a la Tierra Media, a Narnia, a estos mundos de cuentos de hadas que en «esperanza más allá de la esperanza» deseamos estar perdidos en nosotros mismos. (Así ocurre con el encanto de los videojuegos que le permiten perderse de una manera artificial). Creo que es precisamente aquí que podemos discernir el anhelo del reino más claramente: el niño en nosotros anhelando maravillarse y un «nuevo mundo». La promesa de la tierra en sus momentos más impresionantes y radicales susurrando: *Ya viene; está a la vuelta de la esquina.*

> Pues ustedes no han recibido un espíritu de esclavitud para volver otra vez al temor, sino que han recibido un espíritu de adopción como hijos, por el cual clamamos: «¡Abba, Padre!». El Espíritu mismo da testimonio a nuestro espíritu de que somos hijos de Dios. Y si somos hijos, somos también herederos; herederos de Dios y coherederos con Cristo, si en verdad padecemos con El a fin de que también seamos glorificados con El.
>
> Pues considero que los sufrimientos de este tiempo presente no son dignos de ser comparados con la gloria que nos ha de ser revelada. Porque el anhelo profundo de la creación es aguardar ansiosamente la revelación de los hijos de Dios. Porque la creación fue sometida a vanidad, no de su propia voluntad, sino por causa de Aquél que la sometió, en la esperanza de que la creación misma será también liberada de la esclavitud de la corrupción a la libertad de la gloria de los hijos de Dios. (Ver Romanos 8.15–21, NBLH)

¡En serio! «¿Qué sigue, Abba Padre?».

SE RESTAURA LA CREACIÓN

Cuando era un muchacho, me encantaba todo lo nuevo: un nuevo libro, una nueva bicicleta, unas nuevas botas de vaquero, una nueva lonchera, una nueva navaja, un nuevo corte de pelo, un nuevo amigo. A la mayoría de los adultos les encanta lo «nuevo de lo nuevo»: el olor de un coche nuevo, la alfombra en una casa nueva, una nueva canción de su artista favorito, un nuevo triunfo del equipo de su predilección, un nuevo par de zapatos (por cierto, el amor de Imelda era lo nuevo de sus zapatos nuevos; solo los usaba una vez, si es que los usaba). «Año nuevo, vida nueva» se dice tradicionalmente cada primero de enero. Todos deseamos un nuevo comienzo en un mundo nuevo.

Y el nuevo mundo lo tendrá. Porque, como vimos en el capítulo 2, Dios no destruye la tierra, ni su creación amada, sino que hace todo nuevo. ¡Oh, qué *maravilla*!

Ayer salí a caminar a la hora del crepúsculo por medio de una arboleda de álamos. Los álamos son árboles hermosos y elegantes, largos troncos blancos, blancos como la nieve, que crecen hasta diecisiete metros o más antes de que las hojas lleguen a las copas. Me encanta la suavidad de los troncos, doblándose ligeramente aquí y allá a medida que se elevan. Hay algo en su forma que me recuerda la belleza del cuerpo de una mujer.

En esta época del año las hojas son doradas, y los últimos rayos del sol que pasan a través de un bosque de álamos se ven dorados como las hojas a medida que descienden por la copa de los árboles. Una suave brisa hacía que las hojas amarillas revolotearan suavemente a mi alrededor, cayendo al suelo con gracia, como pétalos de flores. Yo sentía todo eso como una bendición celestial. Los altos árboles de hoja perenne como los abetos se entremezclaban con el bosquecillo de álamos, lo que hacía que las hojas doradas de los álamos quedaran atrapadas en sus ramas verdes haciéndolos parecer como si estuvieran adornados para un día festivo, como si la noche anterior hubiese habido una gran fiesta en el bosque.

Aquí, entre cientos de pilares vivos de blanco coronados de oro, entiendo por qué los celtas creían en los bosques sagrados. Solo poner mi mano en la suavidad de un tronco y sentir su frescor y la vida interior, lo sentía como un toque de salud. El bosque de columnas blancas podría haber sido un santuario del cielo o Lothlorien, el reino elfo de la Tierra Media.

Cuando le llegó el turno de que le descubrieran los ojos, Frodo miró hacia arriba y se quedó sin aliento. Estaban en un claro. A la izquierda había una loma cubierta con una alfombra de hierba tan verde como la primavera de los Días Antiguos. Encima, como una corona doble, crecían dos círculos de árboles; los del exterior tenían la corteza blanca como la nieve y aunque habían perdido las hojas se alzaban espléndidos en su armoniosa desnudez; los del interior eran mallorn de gran altura, todavía vestidos de oro pálido...

Los otros se dejaron caer sobre la hierba fragante, pero Frodo se quedó de pie, todavía maravillado. Tenía la impresión de haber pasado por una alta ventana que daba a un mundo desaparecido. Brillaba allí una luz para la cual no había palabras en la lengua de los hobbits. Todo lo que veía tenía una hermosa forma, pero todas las formas parecían a la vez claramente delineadas, como si hubiesen sido concebidas y dibujadas por primera vez cuando le descubrieron los ojos y antiguas como si hubiesen durado siempre.

Se volvió y vio que Sam estaba ahora de pie junto a él, mirando alrededor con una expresión de perplejidad, frotándose los ojos como si no estuviese seguro de estar despierto.

—Hay sol y es un hermoso día, sin duda —dijo—. Pensé que los elfos no amaban otra cosa que la luna y las estrellas: pero esto es más élfico que cualquier otra cosa que yo haya conocido alguna vez, aun de oídas. Me siento como si estuviera dentro de una canción, si usted me entiende.[4]

Sí. Todo esto será nuestro, un mundo impresionante esperando justo fuera de nuestra puerta cuando toda la tierra sea restaurada a toda su gloria. El regreso de Jesús puede venir con toque de trompetas, pero ¿qué partitura musical acompañará la restauración de todas las cosas? ¿Empezará en silencio, un solo de oboe, penetrante y hermoso y poético? ¿Crecerá hasta comprometer a toda la orquesta en un tutti esplendoroso?

Tal vez usted ha caminado por la orilla de una laguna o de un lago de montaña, y ha visto reflejados en el agua árboles, prados y montañas, formando figuras como una pintura impresionista. Luego, ha alzado la vista y ha visto las cosas reales, la sustancia de ellas, lo claro, la realidad esplendorosa. Esto no es algo «otro», y sin embargo es más real, más fiel a sí mismo. ¿Cómo lucen los fiordos de Noruega cuando están completamente despejados? ¿Y la Cordillera de los Andes o las aguas del Pacífico Sur? La pintora inglesa Lilias Trotter estalló en lágrimas cuando vio por primera vez los Alpes, doblegada por su belleza. ¿Lloraremos nosotros, o gritaremos, o nos quedaremos sin palabras cuando veamos estas bellezas naturales *renacer*?

Oh sí, vamos a recuperar la capacidad de maravillarnos.

Stasi y yo pasamos nuestra luna de miel en el Parque Nacional de Yosemite. Nunca antes habíamos estado en ese majestuoso valle. Llegamos tarde en la noche, después de un largo trayecto y caímos rendidos sin la menor idea de las catedrales que se elevaban alrededor de nosotros; el valle que John Muir describió como «extremadamente accidentado, con sus principales características ubicadas en la escala más grande en altura y profundidad... Benévolo, solemne, profético, impregnado de luz divina, cada paisaje resplandeciendo como un semblante santificado en eterno reposo... viviendo al ritmo de los latidos del corazón de Dios».[5] Desperté por la mañana y un poco tambaleante salí por la puerta trasera para tener un estiramiento. Truenos a miles de metros ante mí hacían rugir las Cataratas Yosemite. Todo lo que pude hacer fue gritar: «¡Stasi! Stasi! ¡Ven a ver esto!».

¿Cómo irán a ser las *cascadas* en la nueva tierra? ¿Y las secuoyas gigantes o las tiernas flores silvestres? ¿Cómo irá a ser la lluvia? Piense en sus lugares favoritos. Imagínese lo que será verlos en su gloria. ¡Cuán dulce será volver a visitar los rincones y miradores, los jardines y los sitios donde nos bañábamos, verlos como verdaderamente son «desvelados», todo lo que Dios quiso que fueran. Parte de lo que hace que la maravilla sea tan preciosa es que si bien es un mundo «nuevo», es *nuestro* mundo, el mundo más querido de nuestros corazones, el romance en su mejor momento.

¡INCLUSO EL REINO ANIMAL!

Estaba en mi oficina esta mañana, rodillas y cuerpo doblados, de modo que mi frente casi tocaba el suelo. Me gusta esa posición mientras oro. La encuentro muy conveniente para la concentración; reconfortante. Es casi fetal, primitiva. De repente, un hocico peludo y una nariz húmeda empezaron a empujarme por el brazo. Nuestro joven cachorro había decidido que era hora de jugar. La intrusión fue tan sorprendente y maravillosa, familiar y perturbadora, que pensé: *¿Cómo será cuando un cachorro lobo haga esto... O un cachorro de oso polar?*

Porque de nuevo seremos señores de la tierra y a toda la creación la tendremos gozosa, ansiosa, sin temor.

El corazón de niño quiere saber si habrá animales en el cielo. Y el corazón calloso de un adulto desatiende la pregunta por carecer de importancia teológica. Permítaseme señalar que todo el debate termina cuando nos damos cuenta de que el cielo viene a la *tierra*. Nuestra casa está justo aquí en un planeta renovado. ¿Cómo podría nuestro Dios Creador renovar su preciosa tierra y no llenarla de un reino animal renovado? Eso sería como una escuela sin niños, una aldea sin gente. El solo pensar en esa esterilidad y desolación es totalmente aborrecible al corazón de niño de Dios y su amor por los animales, sus creaciones preciosas.

Sabemos que habrá caballos, porque Jesús y su compañía regresarán montados en caballos:

> Luego vi el cielo abierto, y apareció un caballo blanco. Su jinete se llama Fiel y Verdadero. Con justicia dicta sentencia y hace la guerra... Lo siguen los ejércitos del cielo, montados en caballos blancos y vestidos de lino fino, blanco y limpio. (Apocalipsis 19.11–14)

Me pregunto qué nombre Jesús le puso a su caballo. ¿Vendrá al oír su silbato? ¿Necesitará Jesús una silla de montar? Apuesto a que anda en pelo como los indios. He visto varias veces esos caballos, la caballería del cielo. Una vez los vi cuando llevamos el evangelio a territorio extranjero. Estábamos en un tiempo de adoración cuando de repente «vi» en la línea frontal a jinetes montados extendiéndose ante mí como los Rohirrim antes de Gondor en *El señor de los anillos*, banderines ondeando, hilera tras hilera de caballos y jinetes detrás, levantando lanzas como un bosque. Oh sí, habrá caballos en el reino.

> Morará el lobo con el cordero, y el leopardo con el cabrito se acostará; el becerro y el león y la bestia doméstica andarán juntos, y un niño los pastoreará.
>
> La vaca y la osa pacerán, sus crías se echarán juntas; y el león como el buey comerá paja.

Y el niño de pecho jugará sobre la cueva del áspid, y
el recién destetado extenderá su mano sobre la caverna de
la víbora.

No harán mal ni dañarán en todo mi santo monte;
porque la tierra será llena del conocimiento de Jehová,
como las aguas cubren el mar. (Isaías 11.6–9, RVR1960)

A menos que desee descartar esto por considerarlo mera-
mente alegórico, en el reino tendremos también lobos, corde-
ros, leopardos, cabras, vacas, leones y osos. El pasaje de Isaías
describe claramente el reino de Dios operando en su plenitud
en la tierra: la renovación de todas las cosas. Y los animales
son claramente una parte de él. ¡Alabado sea nuestro amoroso
Padre!

Esta vez —no puedo escribir esto sin temblar— el reino animal será nuestro feliz compañero. Ya no nos temerán
más. Desearán amarnos y servirnos. Porque una vez fuimos
señores del reino animal, y en la tierra recreada volveremos
a ponernos ese hermoso manto. ¿Qué animales le gustaría
que acudieran a su llamado para tener con ellos una amistad
profunda y santa? Incluso en este mundo enfermizo vemos en
las vidas de aquellos hombres y mujeres que parecen tener un
don especial con los animales, vislumbres de lo que Adán y
Eva deben de haber disfrutado. Los señores que «susurran» a
los caballos que con una sabiduría apacible les permite tomar
a un potro asustado y completamente salvaje y en horas ganar
su confianza como para montarlo. Los pastores mongoles que
han entrenado águilas doradas para usarlas como aves de caza.

Los hombres de la India que trabajan los bosques de madera con la ayuda de elefantes, montándolos a pelo y usando solo sus rodillas para comunicarse con ellos.

Lawrence Anthony tuvo una relación especial con los elefantes africanos. Fue autor de un libro titulado *The Elephant Whisperer: My Life with the Herd in the African Wild* [El señor de los elefantes: Mi vida con la manada en el África salvaje]. En 1999, se le pidió que se hiciera cargo de un peligroso grupo de elefantes. Con el tiempo, crearon entre ellos un vínculo sagrado. Es sabido que los elefantes saben expresar su dolor ante la muerte de uno de ellos, pero a la muerte de Anthony, algo muy especial sucedió. Después de viajar más de doce horas, dos manadas de elefantes llegaron poco después de su fallecimiento «y permanecieron en vigilia durante dos días».[6] Así es como los animales debieron de comportarse en el Edén, honrando a nuestros Primeros Padres, intuitivamente conociendo sus necesidades y nosotros las de ellos.

Imagínense los animales acudiendo a nuestra llamada, viniendo a honrarnos como sus amos renovados. ¿Cómo será ser socios de nuevo con la naturaleza?

¿Y qué aspecto tendrá un conejo *restaurado*? ¿Será más grande? ¿Más rápido? ¿Dará saltos más altos? ¿Y qué podríamos decir de un oso restaurado? Mientras más al norte se vaya, los osos de este mundo crecen más grandes. ¿Cuál será el tamaño de un oso en el Edén de la gloria? ¿Serán más hermosos los osos restaurados? Por supuesto que lo serán; y serán más gentiles porque «ni animales ni humanos dañarán o matarán en mi santo monte». Imagínense. Seremos como

Noé. Los animales corriendo hacia nosotros para que nos ocupemos de ellos.

¿Saldrá a recibirlo su perro como sucedía en su infancia? (Dios hará todas las cosas nuevas). ¿Será más alto, más fuerte, pero fiel a su verdadero yo? ¿Será tan elocuente su mirada como lo es ahora? Piense en la *inteligencia* que habrá en la creación restaurada. Ahora apenas estamos empezando a descubrir la verdadera comprensión de los animales. Su perro puede no ser muy cooperador, pero ahora se sabe que los caninos entienden más de 165 palabras (!). Las exploraciones cerebrales de estos y otros animales han estado revelando que sus mentes procesan lo que decimos y cómo lo decimos en una manera idéntica a la de los cerebros humanos.[7] Los delfines son muy inteligentes y juguetones; emplean un lenguaje variado que los investigadores llaman «extenso y complejo».[8] Los humanos plenamente restaurados tendrán todas las facultades intuitivas y el sentido de los animales para comunicarse con un reino animal brillante, inteligente y restaurado. Y el Espíritu Santo llenará cada relación, permitiéndonos alcanzar un nivel de perfeccionamiento para una perfecta comprensión de ellos y ellos a su vez de nosotros. ¿Cómo podríamos ser sus pastores de nuevo si no «habláramos» unos con otros?

Mi corazón dio un vuelco. No me cabe duda que nos estamos acercando a Narnia. O quizás Narnia se está asomando a la Renovación. Creo que será mucho más maravilloso «hablar» a cada uno de los animales en su propio idioma en lugar de que todos ellos hablen los nuestros.

Jugando en la creación

Voy a dedicar un capítulo a lo que será nuestro «trabajo» en el reino, porque se nos dice que «reinarán sobre la tierra» (Apocalipsis 5.10, NVI). Mientras tanto, teniendo en cuenta que es nuestro corazón de niño que recibirá el reino, ¡soñemos cómo será jugar en el mundo rehecho!

Me encantan las leyendas de antiguas culturas polinésicas como los maoríes y sus historias de los «jinetes de ballenas», poderosos señores de la antigüedad que tenían un vínculo tan profundo con la naturaleza que eran capaces de montar en las espaldas de las ballenas como montar a caballo, o camello. Es posible que tales leyendas no sean sino mitos, pero —como quiera que sean— hablan de un deseo impetuoso y santo (de nuevo se asoma el anhelo por el reino). O tal vez esas leyendas eran en realidad *profecía*. Vemos un asomo de esto en los entrenadores que montan ballenas en los parques acuáticos. Estoy por la liberación de Willy, pero si eso puede suceder en un mundo caído, ¿qué nos esperará en un mundo hecho joven e inocente?

La creación *quiere* jugar. Mis perros me permiten alrededor de una hora y media en el computador antes de interrumpirme porque quieren jugar. Quizás usted ha tenido el privilegio de ir en un barco en aguas cálidas y observar a los delfines que llenos de felicidad juguetean nadando velozmente junto a la nave, haciendo una elección deliberada de dejar lo que hacían y acercarse al sonido, deseosos de jugar en los márgenes de nuestra humanidad. Nick Jans cuenta la historia de un raro encuentro con un lobo negro en Juneau, Alaska, que un día salió de entre los árboles en las afueras de la ciudad y se entretuvo jugando con los perros que los locales habían llevado a correr. Los biólogos de la vida silvestre consideran un triunfo ver algo así una vez en la vida. El lobo permaneció por los alrededores durante años, mostrando un gran deseo de interactuar e incluso jugar con los humanos, como si fuera un mensajero del Edén.[9]

Vi caballos y jinetes en el reino. ¿Qué más podemos montar? En la actualidad, la gente monta elefantes, búfalos de agua, avestruces, camellos, orcas, tortugas gigantes, ¿por qué no podríamos jugar con toda la creación cuando estemos reconciliados, cuando la felicidad permee a todos los seres vivos y Dios mismo esté entre nosotros? Por supuesto que podremos nadar con las ballenas, y ellas, bondadosamente y con cariño permitirán que nos subamos sobre sus espaldas. Sí, el libro de Apocalipsis implica que «el mar ya no existía más» (21.1, RVR1960). Pero muchos estudiosos creen que esto alude al hecho de que los antiguos, incluyendo a los judíos, sostenían que el mar era una morada del mal. Por supuesto que el mal habrá desaparecido. Pero la tierra no puede funcionar sin los océanos; juegan un papel crítico en nuestro ciclo de agua, clima y temperatura del planeta. Aparte de eso, ¿cómo podría haber una nueva tierra sin el glorioso océano?

Quizá lo más importante sea que el griego de Apocalipsis 21.1 habla de un mundo que «fallece» para que un mundo rehecho pueda tomar su lugar. Por lo tanto, Eugene Peterson en *The Message* (versión de la Biblia aun no traducida al español) dice: «Vi el Cielo y la tierra creados de nuevo. Se fue el primer Cielo, se fue la primera tierra, se fue el mar». Se fueron solo en el sentido de los antiguos Cielo, tierra y mar dejaron de ser para que lo renovado pudiera tomar sus lugares.

Las águilas se llevaron a Sam y a Frodo para ponerlos a salvo; Gandalf las montó varias veces. ¿Y qué? Una gran águila dorada en nuestro mundo puede levantar una oveja y llevarla lejos. ¿Qué puede alzar un águila renovada? Me encantaría montar un águila real, con su permiso, por supuesto. Y, amigos, ni siquiera he mencionado a los ángeles. El cielo viene a la tierra, y los ángeles caminarán en plena confraternidad con el hombre. ¿Qué tienen que enseñarnos los ángeles? ¿Qué tipo de juegos juegan ellos? Toda la tierra será nuestro patio de recreo. Veo partidos de *lacrosse* jugados por ángeles y hombres en amplias «canchas».

Esta es la razón por la que usted no necesita una lista de cubo (o de deseos). Todo es suyo, y nunca lo va a perder. ¡Oh, cómo deseo deambular por tan hermosos lugares, sin toque de queda, sin el fin de las vacaciones que siempre está asechándonos! ¿Ha deseado ver alguna vez los fiordos de Noruega? Hecho. Ha esperado secretamente recorrer algún día las selvas de África. Hecho también. ¿Qué sigue? ¿El río Amazonas? ¿La Antártida? Y que conste que solo estoy tocando la tierra. ¿Y si vamos al mundo microscópico? Es tan vasto como el mundo que llamamos nuestro, y podremos explorar sus misterios. ¿Y los cielos? Ellos también serán nuestros, como escribió el poeta escocés George MacDonald:

Vivo esperando grandes cosas en la vida que está madurando para mí y para todos los míos, cuando tendremos todo el universo para nosotros y seremos buenos niños alegres en la gran casa de nuestro padre. Entonces, cariño, tú y yo y todos, tendremos la gran libertad con la cual Cristo hace libre, abriendo su mano para enviarnos como palomas blancas a toda la extensión del universo.[10]

Lo bueno es que tendremos todo el tiempo del mundo en un mundo que no tendrá límites de tiempo para explorar y llegar a casa y contar las experiencias que hemos tenido. Podremos vivir nuevas aventuras con aquellos que quieran navegar los siete mares o escalar los picos de los Andes o recorrer el universo mismo.

Recuerde: Jesús es el precursor, el «segundo Adán». Todo lo que él era, lo seremos nosotros. Tendremos cuerpos restaurados como el cuerpo de Cristo después de su resurrección, capaces de caminar sobre el agua y «desafiar» ciertos límites conocidos por nosotros hasta ahora. «Por unos segundos, Pedro caminó sobre el agua» escribió C. S. Lewis, «y vendrá el día en que habrá un universo de nuevo, obediente a la voluntad del hombre obediente y glorificado, en que podremos hacer todas las cosas, en que seremos los dioses que se nos describen en la Escritura».[11] Me encanta el cuadro que nos da de esta posibilidad hacia el final de la historia narniana *La última batalla*:

Fue el unicornio quien resumió lo que todos sentían. Dio una patada en el suelo con el casco delantero derecho, relinchó y luego dijo: «¡Por fin estoy en casa! ¡Éste es mi auténtico país! Pertenezco a este lugar. Ésta es la tierra que he buscado durante toda mi vida, aunque no lo he sabido hasta hoy. El motivo por el que amaba la vieja Narnia era porque se parecía un poco a esto. ¡Bri–ji–ji! ¡Entremos sin miedo, subamos más!». Sacudió la crin y saltó al frente en veloz galope; un galope de unicornio que, en nuestro mundo, lo habría hecho desaparecer de la vista en unos instantes. Pero entonces ocurrió algo muy curioso. Todos los demás echaron a correr, y descubrieron, con asombro, que podían mantenerse a su altura... El aire les azotaba el rostro como si viajaran a toda velocidad en un coche que careciera de parabrisas. El paisaje pasaba raudo junto a ellos como si lo vieran desde las ventanillas de un tren expreso. Corrieron cada vez más rápido, pero nadie se acaloró, ni se cansó, ni se quedó sin aliento. Si uno pudiera correr sin cansarse, no creo que deseara a menudo hacer algo distinto... Así que corrieron más y más rápido hasta que era casi como si volaran en lugar de correr y ni siquiera el águila que volaba sobre sus cabezas iba más de prisa que ellos. Atravesaron un valle sinuoso tras otro y ascendieron las empinadas laderas de colinas y, más rápido que nunca, descendieron por el otro lado, siguiendo el río y en ocasiones cruzándolo, además de pasar, casi sin tocarlos, por encima de lagos de montaña como si fueran lanchas de motor.[12]

Quizás usted piense que estoy fantaseando. Pero no. Estoy siendo muy serio. Tan serio como Jesús cuando advirtió que solo el corazón de un niño podía recibir el reino. ¿Realmente querría usted sugerir que el hombre pecador puede crear historias y mundos que lleguen a eclipsar los mundos que Dios va a rehacer? ¡Cuidado con eso! «Ningún ojo ha visto, ningún oído ha escuchado, ninguna mente humana ha concebido lo que Dios ha preparado para quienes lo aman» (1 Corintios 2.9, NVI). Fue nuestro Padre creador quien nos dio nuestras imaginaciones; las «visiones» que contamos en forma de historia a menudo son visiones proféticas en sus maravillosos reinos, y su majestad creativa ciertamente hará mucho mejor que el nuestro en el mundo por venir.

ACOGIENDO CON BENEPLÁCITO LA PROMESA

Yo estoy atesorando cada sabor de la promesa que viene a mí. Los estoy buscando con nuevos ojos, permitiéndoles ampliar la imaginación de mi reino y que llenen los vacíos actuales con expectativas brillantes.

Hace años, mientras visitábamos amigos en Kauai, descubrimos uno de esos momentos que parecen rebosar con las maravillas y el encanto del reino por venir. Al caer la noche y en medio de la oscuridad salimos en kayaks a navegar bajo el manto de estrellas sobre el Océano Pacífico. Pasamos a mar abierto con éxito por una brecha mientras un fuerte oleaje no dejaba de golpear con fuerza contra los arrecifes a unos cientos de metros de la orilla. Ya en un mar tranquilo, nos dejamos mecer por ondas que no ofrecían ningún peligro. Nuestros corazones palpitaban tranquilos mientras los kayaks subían y bajaban al ritmo de las olas... dejando todo maravillarnos con su belleza. El mar de color negro azabache yacía bajo nosotros, con quién sabe qué nadando alrededor; y el cielo arriba, también negro y aún más profundo, permitía que las estrellas brillaran y nos hicieran guiños amistosos. Durante unos minutos, cayeron sobre nosotros, suavemente, chubascos de la cálida lluvia de Kauai.

En un pequeño kayak se siente todo: las corrientes, las oleadas, la propia fragilidad del navegante. Allí en la oscuridad era como flotar en el misterio de Dios: santo, fascinante y, más que nada, un poco desconcertante. Pero la belleza y la aventura eran tan irresistibles, que se convirtieron en algo que hicimos cada vez que volvimos por Kauai.

Las corrientes lo acercan a uno y lo alejan de la costa, así que empezamos a remar buscando en la oscuridad la brecha por la que habíamos entrado a mar abierto. El oleaje, indomable, seguía rompiendo contra los arrecifes y luego entrando la laguna. La espuma luminiscente producida por el choque del agua contra el coral nos permitió vislumbrar el lugar que buscábamos y hacia allá nos dirigimos en el emocionante viaje de regreso. Una vez que habíamos dejado atrás el arrecife, a solo unas pulgadas, la laguna se abrió con quietud y calma; allí nos sentimos más seguros contra posibles ataques de tiburones.

A lo largo de ese tramo de la playa hay algunas docenas de cabañas dispersas y luego, oscuros acantilados. No hay hoteles, ni condominios, solo el simple calor de unas pocas luces de porche que brillaban suavemente llamándonos a casa. Remando hacia la playa nos sentimos como en el reino.

Estos momentos preciosos, tan llenos con la promesa, son «evocadores» del Espíritu de Dios, dado a nosotros para elevar nuestros corazones a la maravilla de la restauración de todas las cosas. Muy pronto visitaremos esas aguas otra vez y nadaremos sin temor por la noche, jugando con los delfines y las ballenas, y luego montando las olas en la playa donde nos sentaremos alrededor de las fogatas del reino para contar historias hasta altas horas de la noche.

Las cosas de las que estamos hablando son reales, amigo mío. Totalmente reales y la parte más concreta de su futuro.

> Y ustedes no recibieron un espíritu que de nuevo los esclavice al miedo, sino el Espíritu que los adopta como hijos y les permite clamar: «¡Abba, ¡Padre!» El Espíritu mismo le asegura a nuestro espíritu que somos hijos de Dios. Y, si somos hijos, somos herederos; herederos de Dios y coherederos con Cristo, pues, si ahora sufrimos con él, también tendremos parte con él en su gloria. (Romanos 8:15–21, NVI)

Hay una conexión profunda y santa entre la liberación de la creación y la nuestra. Nos espera. Vamos a explorar eso.

Hace unas noches me soñé con Craig.

Yo estaba en algún tipo de reunión, llena de gente de nuestra comunidad. No estoy seguro si era un evento «terrenal» o uno del reino. Se sentía simplemente ordinario.

Pero entonces, de nuevo.

Miré a mi derecha, y al otro lado de la sala vi a Craig. Estaba allí hablando con alguien, como si nunca hubiera estado fuera.

En mi sueño rompí a llorar. Nunca antes había llorado en un sueño.

CAPÍTULO 5

Nuestra restauración

Él sabía algo sobre crecer en un hogar sin madre,
y sobre el vacío que dejó en el corazón de un niño.
Él sabía sobre el esfuerzo incesante de hacerse uno
a uno mismo, y sobre el anhelo interminable.

DANIEL BROWN, *The Boys in the Boat*

El fin de semana que mi padre murió tuve una experiencia notable y totalmente inesperada.

Como ocurre con mucha gente, la relación con mi papá fue en cierto punto una mezcla de alegrías y tristezas. Mis días de niñez fueron muy preciosos. A mi padre le gustaba la vida al aire libre, de modo que hicimos un montón de salidas a acampar y a pescar juntos. Tengo recuerdos dorados de esos días. Pero entonces, la caída del hombre lo alcanzó: una serie de trabajos perdidos, seguidos de la bebida; luego un derrame cerebral; luego el cáncer. Y finalmente, ese brutal burlador, la demencia. Pasó sus últimos días en una pequeña instalación de convalecencia en el sur de California, luego regresó a su casa para internarse en un hospicio.

Murió el fin de semana del Día del Padre, como para juntar todas las cosas tristes.

Habíamos estado esperando el desenlace, viviendo en esos horribles días de espera que tan a menudo llegan al final. Stasi y yo habíamos subido a nuestra cabaña en las montañas. No hay servicio de teléfono allí, así que hacía un viaje de tres kilómetros todos los días, por la mañana y por la noche, por un camino de tierra para alcanzar la autopista y poder comunicarme con mi hermana. El sábado por la mañana, vi que había un mensaje para mí en el servicio telefónico celular. Decidí escucharlo antes de llamarla. Efectivamente, era la llamada que nadie quiere recibir: mi papá había fallecido la noche anterior.

Guardé el teléfono y me senté en mi camioneta esa mañana temprano, esperando que llegaran las oleadas de dolor, pena y pesar. Había sido una gran pérdida. E irrecuperable. El sol se asomó tras las montañas, y el canal de irrigación borbotaba a mi lado como un arroyo. Las alondras se llamaban unas a otras por los exuberantes campos de heno. No era una escena melancólica. Mientras observaba el agua fluyendo por encima de hierbas acuáticas, pensé en una escena en *La silla de plata*.

Hacia el final de la historia, los niños enviados a Narnia se encuentran de nuevo en lo alto de la montaña de Aslan. El rey Caspian ha muerto, y aunque han dejado esa triste escena en el muelle, la música funeral todavía se oye a su alrededor:

Andaban junto al arroyo y el león avanzaba por delante de ellos: y la criatura se tornó tan hermosa y la música tan desconsolada que Jill no sabía cuál de las dos cosas era la que llenaba sus ojos de lágrimas.

Entonces Aslan se detuvo, y los niños miraron al interior del arroyo. Y allí, sobre la dorada grava del lecho del río, yacía el rey Caspian, muerto, con el agua fluyendo sobre él como cristal líquido. La larga barba blanca se balanceaba en ella como una hierba acuática, y los tres se detuvieron y lloraron. Incluso el león lloró: lágrimas enormes de león, más preciosas que un diamante macizo del tamaño de la Tierra...

—Hijo de Adán —dijo Aslan—, entra en esos matorrales, arranca la espina que encontrarás allí y tráemela.

Eustace obedeció. La espina tenía treinta centímetros de largo y era afilada como un estoque.

—Húndela en mi pata, Hijo de Adán —indicó el león, alzando la pata delantera derecha y extendiendo la enorme almohadilla en dirección al niño.

—¿Tengo que hacerlo? Preguntó éste.

—Sí —respondió Aslan.

Eustace apretó los dientes y hundió la espina en la almohadilla del león. Y de ella brotó una gran gota de sangre, más roja que cualquier color rojo que hayas visto o imaginado jamás, que fue a caer en el arroyo, sobre el cuerpo sin vida del rey. En aquel mismo instante la música lúgubre se detuvo, y el rey muerto empezó a cambiar. La barba blanca se tornó gris, y de gris pasó a amarillo, y luego se acortó hasta desaparecer por completo; y las mejillas hundidas se tornaron redondeadas y lozanas, y las arrugas se alisaron, y los ojos se abrieron, y sus labios rieron, y de improviso se incorporó de un salto y se colocó antes ellos; un hombre muy joven... Corrió hacia Aslan y le arrojó los brazos al cuello hasta donde pudo llegar; y dio al león los fuertes besos de un rey y Aslan, por su parte, le devolvió los besos salvajes de un león.[1]

Este momento es suyo, tan seguro y cierto como que Dios es Dios. Seguro como la renovación del cielo y la tierra. ¿Cómo podríamos disfrutar de la feroz belleza de una creación renovada a menos que nosotros también seamos renovados y hechos fuertes, más fuertes que nunca? ¿Cómo podríamos jugar en los campos de una nueva tierra o cumplir nuestros papeles en el reino de Dios a menos que seamos, bueno... gloriosos?

JOVEN PARA SIEMPRE

El que rescata de la fosa tu vida,
    El que te corona de bondad y compasión;
    El que colma de bienes tus años,
    Para que tu juventud se renueve como el águila.
    (Salmos 103.4, 5, LBLA)

La muerte será completamente eliminada por la Gran Restauración. Y no solo la muerte, sino toda otra forma de dolor, agresión, enfermedad y daño que hayamos alguna vez conocido. Usted estará completamente renovado: cuerpo, alma y espíritu. ¿Será posible tal cosa? Tómelo en pequeños sorbos. Piense en alguna recuperación que haya experimentado. Un dolor de cabeza agudo puede ser debilitante. Usted sabe del dulce alivio que experimenta cuando el dolor se desvanece. Seguramente ha tenido alguna gripe desagradable, y sabe de la alegría que se siente cuando recupera su fuerza y apetito. Estos pequeños vislumbres de nuestra restauración están ocurriendo todo el tiempo, y son indicios de lo que viene.

Stasi entró en la cocina esta mañana con sus zapatos deportivos. La miré de arriba abajo con una expresión de sorpresa en el rostro. «¿Adónde vas?», le pregunté. «Voy a dar mi paseo», dijo, como si fuera la cosa más natural del mundo. Las lágrimas acudieron a mis ojos. No había oído esas palabras en mucho tiempo. Para ella, caminar no ha sido la cosa más natural en el mundo. Oh, una vez lo fue. Pero hace exactamente un año de la última vez que Stasi fue a dar un paseo.

El otoño pasado se rompió el labrum en su cadera derecha. El labrum es un cartílago que proporciona la estabilidad interna primaria en el casquillo de la cadera, y con él dañado, se hizo manifiesta una erosión artrítica profunda. Durante los siguientes nueve meses Stasi vivió con dolor crónico. Hueso frotando hueso produce un dolor tan espantoso que solo se puede soportar con narcóticos. Caminaba con un bastón cuando caminaba; pero la mayoría de los días estaba confinada a una silla. Perdió su costumbre de orar diariamente mientras caminaba, su tiempo precioso donde traía su corazón

al corazón de Dios, y donde oraba por todos los que se preocupa tan profundamente. Su caminata de oración era su acto
principal de restauración de una vida estresante. La cirugía
de cadera tuvo lugar en junio, seguida de un verano de lenta
recuperación.

Así que cuando ella felizmente salió de la puerta sin dolor,
realmente pude haberme tirado al piso llorando de alivio y de
alegría. Son cosas simples, en realidad, pero en este doloroso
mundo la restauración física puede sentirse como recuperar la
vida. Como el poeta inglés George Herbert anhelaba:

> Oh que el cambio llegue de una vez
> Pronto en tu paraíso, donde las flores no se marchitan.[2]

Hay personas que se enfrentan a situaciones mucho peo-
res. Pienso en aquella mujer a la que ayudé en el supermer-
cado la semana pasada. Supongo que solo tendría treinta y
cinco años, pero estaba doblada en su silla de ruedas, pequeña y frágil. Un velo de vergüenza y desilusión le había dado
forma permanente a su rostro. Estoy seguro que usted ha
visto esa máscara trágica. Con mi corazón afligido por el
dolor de ella, le ayudé a alcanzar la ensalada de huevo en
la parte superior de la estantería. ¿Esta es su vida? ¿Qué le
dice al soldado horriblemente mutilado por pisar una mina
terrestre? ¿Qué restauración espera a la mujer que debido
a una serie de complicaciones postoperatorias perdió tres
de sus extremidades y debe ser cambiada de posición en su
cama muchas veces al día?

Gracias a Dios tenemos más que empatía para ofrecer; tenemos la restauración de Jesús como una sólida y vívida demostración de nuestra próxima renovación.

El cuerpo roto de Jesús fue horriblemente destrozado por su tortura y ejecución. Me estremezco con solo pensarlo mientras escribo. «Muchos se asombraron de él, pues tenía desfigurado el semblante; ¡nada de humano tenía su aspecto!» (Isaías 52.14). Pero entonces, maravilla de maravillas, dos mañanas más tarde fue completamente renovado en su resurrección. Nuestro precursor fue físicamente restaurado y algo más: las espinas en la frente, la lanza en el costado, los clavos en sus manos. ¡Todo eso se fue! De nuevo, su cuerpo lucía hermoso y entero. Tan grande era su felicidad que pasó la Pascua en varios encuentros muy festivos con sus amigos.[3]

> Alaba, alma mía, al SEÑOR;
> > alabe todo mi ser su santo nombre.
> Alaba, alma mía, al SEÑOR,
> > y no olvides ninguno de sus beneficios.
> Él perdona todos tus pecados
> > y sana todas tus dolencias;
> él rescata tu vida del sepulcro
> > y te cubre de amor y compasión;
> él colma de bienes tu vida
> y te rejuvenece como a las águilas (Salmos 103.1–5).

Nuevamente, estas promesas son tan hermosas que nuestras almas resecas apenas pueden asumirlas, como la tierra que, quemada por el sol, apenas puede recibir las tormentas que tan desesperadamente necesita. Deténgase y piense en esta promesa por un momento: su amoroso Padre renovará su juventud. Nadie es viejo en su reino.

Somos una familia de los golden retriever; actualmente, tenemos dos: Oban, de nueve años, está acostado en el suelo calentándose al sol. Después de todo, tiene nada menos que sesenta y tres años de perro. Levanta una ceja para mirar a Maisie, nuestra bebé de dieciocho meses, que está en esto o lo otro en cuestión de un momento. Antes de escribir esta frase ella estaba persiguiendo a un pájaro; ahora está haciendo un hoyo, tarea que le compromete toda su atención. Parece convencida de que si cava con suficiente empeño, va a poder atrapar ese topo; en un momento levanta la mirada, la lengua afuera, la nariz y la cara cubiertas de tierra, los ojos brillantes y la cabeza inclinada como si quisiera decir: ¿No es esto fantástico? Una ardillita pasa corriendo y Maisie la persigue con absoluta alegría, la cola en alto como una bandera. Luego, vuelve a hurgar en los arbustos. *¡Oye, mira... ¡aquí está mi bola! ¿No quieres jugar?*

Cuando salimos a caminar, siempre está corriendo delante de nosotros, ya a la derecha ya a la izquierda, explorando. Si encontramos agua, es la primera en entrar; si es nieve, entonces se deslizará cuesta abajo sobre su espalda como los osos polares. Su alegría no tiene fin; su *disfrute* no se detiene. Porque ella es joven. Esta será nuestra alegría en la nueva tierra, pues habremos de ser hechos nuevos.

La juventud es lo que nos permite disfrutar de la vida. No, eso no está bien; la *juventud* es lo que nos permite encontrar maravillas en cada cosa. Dinamismo, alegría, como si estuviera terminando unas largas vacaciones. Esperanzado, como un niño en la mañana de Navidad. Ausencia de todo cinismo y resignación para no mencionar todo sufrimiento físico.

Me encanta esa parte en *La silla de plata* cuando la vejez simplemente desaparece del frágil rey Caspian. La edad es la debacle inevitable, que despoja incluso a los más valientes y más bellos de su antigua gloria. Cualquiera que sea la aflicción física que haya conocido, cualesquiera que hayan sido sus limitaciones, todo, la vejez lo acabará eventualmente. Su cuerpo renovado será como el cuerpo de Jesús. Irrumpiremos en la nueva creación como los niños que salen para las vacaciones de verano, corriendo, saltando y haciendo cabriolas en las praderas de la nueva tierra. Corriendo como los niños, «sin cansarnos... más y más rápido hasta que parezca que en lugar de correr, volamos, e incluso el Águila no irá más rápido que ellos».

NUESTRA RESTAURACIÓN INTERNA

Él les enjugará toda lágrima de los ojos. Ya no habrá muerte, ni llanto, ni lamento ni dolor, porque las primeras cosas han dejado de existir. El que estaba sentado en el trono dijo: «¡Yo hago nuevas todas las cosas!» (Apocalipsis 21.4, 5)

No más lágrimas. No más dolor. No más muerte. Ya no habrá motivo para llorar. En la renovación de todas las cosas, nuestros corazones van a estar libres de dolor. La alegría superará con mucho nuestro alivio físico. Piense en esto: si Dios le ofreciera hoy quitarle solo una de sus mayores fuentes de dolor interno, ¿qué le pediría que eliminara?

Y una vez que quedara eliminado, ¿cómo sería su gozo?

¡Oh, Padre eterno! Yo sería un maníaco feliz, bailando en calzoncillos como David delante del arca,[4] corriendo por el barrio como Scrooge en la mañana de Navidad, saltando de azotea en azotea como el violinista en el tejado. Y si *todo* su quebrantamiento fuese final y completamente eliminado, y todo su pecado se lanzara lejos, muy lejos de usted, tan lejos como está el oriente del occidente,[5] ¿a qué no se enfrentará? ¿Qué será usted finalmente? ¿Y qué será de sus seres queridos? ¿Contra qué ya no tendrán que luchar más? ¿Qué, por último, será de ellos?

Final y completamente, tendremos *corazones restaurados*. Este es un deseo tan profundo en mi alma que apenas puedo referirme a él.

La otra noche tenía en mis rodillas a nuestra nueva nieta. Una cosita tan pequeña y tan frágil. Y mi corazón se retorció al pensar lo que este mundo puede desencadenar en su corazoncito tan tierno. El corazón y el alma humanos están dotados de una increíble resistencia. Pero también son muy frágiles, porque fuimos hechos para el hábitat del Edén y no para la desolación de la guerra en la que ahora vivimos. Cuando el Mesías prometido se predice en Isaías, se describe claramente la que sería su obra. Él vendría a sanar todo nuestro ser interior destrozado:

> El Espíritu del Señor Soberano está sobre mí,
> porque el Señor me ha ungido
> para llevar buenas noticias a los pobres.
> Me ha enviado para consolar a los de corazón
> quebrantado,
> y a proclamar que los cautivos serán liberados,
> y que los prisioneros serán puestos en libertad.
> (Isaías 61.1, NTV)

En el hebreo, «quebrantado de corazón» es una conjunción de dos palabras: *leb*, que es el corazón, y *shabar*, que significa «roto», o «romper», o «rasgar violentamente». En otros lugares de su libro, Isaías usa *shabar* para referirse a ramas secas que se rompen en pedazos, o a estatuas que se han caído de sus pedestales y se rompen en el suelo. *Shabar* se refiere a un destrozo *literal*, el quebrantamiento del corazón humano. ¡Como si tuviera que explicarle esto a usted, que lo sabe tan bien como yo! Una mirada tierna y compasiva en su propia alma le mostrará exactamente de lo que estamos hablando.

Una buena cantidad de reportes de investigaciones está saliendo a la luz que confirman lo que Isaías describió hace miles de años: los seres humanos son, en realidad, una colección de «destrozos». El doctor Bessel van der Kolk, uno de los principales expertos en investigación de traumas, descubrió, después de décadas de trabajo, que cada ser humano lleva dentro de sí una personalidad destrozada, lo que vemos en forma dramática en el desorden de la identidad disociativa, (DID, lo que solía llamarse trastorno de la personalidad múltiple). Todos, en alguna medida, nos conocemos a nosotros mismos. «Tan dramáticos como son sus síntomas, la disociación interna... como se experimenta en el DID representa solo la punta de iceberg del espectro de la vida mental». En otras palabras, somos seres fragmentados. «Todos tenemos partes... Las partes no son solo sentimientos, sino formas distintas de ser, con sus propias creencias, agendas y funciones en la ecología general de nuestras vidas».[6]

Usted es consciente de la guerra interna que esto está describiendo.

Es la infelicidad y el aislamiento de nuestras partes internas lo que causa tanto de la intranquilidad, torpeza y sabotaje en nuestras vidas. Santiago describe a las pobres almas diciendo que son «como las olas del mar, agitadas y llevadas de un lado a otro por el viento. Quien es así... es indeciso e inconstante en todo lo que hace» (1.6, 8). El griego aquí para «indeciso» es *dipsuchos*, que se traduce mejor como de «dos–almas» o de «alma dividida». ¿Acaba de sentir un breve temblor en su ser interior? Si ha sido así, algo en usted está respondiendo a esto, incluso mientras lo lee. Todos estamos traumatizados y fragmentados; nadie pasa por este valle de lágrimas sin ello.

Y nuestro Sanador nos volverá a hacer sanos. El pequeño niño o la pequeña niña que hay en ti y que durante tanto tiempo ha escondido sus miedos; el adolescente sus enojos y el hombre o la mujer adultos sus quebrantos de corazón, todo será transformado «para que lleguemos a ser, de nuevo, seres humanos plenamente integrados: cuerpo, mente, espíritu y alma, tal como fuimos destinados a vivir con Dios al principio de la creación».[7]

Piense en eso y alégrese. Estar lleno de bondad de la cabeza a los pies. Tener una gloria interior que coincida con la gloria de su nuevo cuerpo:

> En aquel día el SEÑOR su Dios
>> salvará a su pueblo como a un rebaño,
> y en la tierra del SEÑOR
>> brillarán como las joyas de una corona.
> ¡Qué bueno y hermoso será todo ello! (Zacarías 9.16, 17)

«Entonces los justos brillarán en el reino de su Padre como el sol». (Mateo 13.43)

Piense en una niña de seis años, en su primer recital de danza. Imagínese que acaba de realizar una actuación espléndida. Sabe que mamá, papá y abuelo están allí viendo. Mientras se adelanta para recibir su cinta, su rostro brilla. Está radiante porque es *feliz*. Piense en una novia en su día de boda, en la alegría después de la ceremonia y en la recepción. Durante el baile, alguien saca una foto, y después, cuando la vea, estará sorprendida de la expresión de su rostro. Se verá radiante porque estaba en su gloria, amada, elegida, celebrada. «Estaba radiante aquella noche».

Y hay más.

Ustedes han llegado al monte Sión, a la ciudad del Dios viviente, a la Jerusalén celestial, y a incontables miles de ángeles que se han reunido llenos de gozo. Ustedes han llegado a la congregación de los primogénitos de Dios, cuyos nombres están escritos en el cielo. Ustedes han llegado a Dios mismo, quien es el juez sobre todas las cosas. Ustedes han llegado a los espíritus de los justos, que están en el cielo y que ya han sido perfeccionados. (Hebreos 12.22, 23, NTV)

Esa frase «los justos... perfeccionados». ¡Apenas puedo escribirlo! Finalmente, la totalidad de nuestro ser estará saturado de solo bondad. Piense en eso. Piense en todo contra lo que no va a tener que luchar más. El temor, que ha sido su batalla de toda la vida, la ira, las compulsiones, las luchas para perdonar, esa desagradable raíz de resentimiento. No más guerras civiles internas. No dudas, no lujuria, no arrepentimiento, no odio a usted mismo, no confusión de género. ¿Qué lo ha atormentado estos últimos años? ¿Qué lo ha atormentado a lo largo de toda su vida? Lo que haya sido, su Sanador lo quitará personalmente de sus hombros.

Qué tierna intimidad se predice cuando se nos promete que nuestro Padre amoroso borrará personalmente toda lágrima de nuestros ojos, y no solo lágrimas de dolor, sino también lágrimas de vergüenza, de culpa y de remordimiento. Ese solo momento hará que todo el viaje valiera la pena.

Pero aún hay más. Los ejércitos del cielo cabalgan en caballos blancos, vestidos de lino blanco. El lino blanco es un símbolo de la justicia que ahora irradia de sus corazones, el centro de su ser. El resplandor es *carácter*; es bondad. Usted será libre, vivo, entero, joven, magnífico, valiente.

> Queridos hermanos, ahora somos hijos de Dios, pero todavía no se ha manifestado lo que habremos de ser. Sabemos, sin embargo, que cuando Cristo venga seremos semejantes a él, porque lo veremos tal como él es. Todo el que tiene esta esperanza en Cristo se purifica a sí mismo, así como él es puro. (1 Juan 3.2, 3)

Tendremos el carácter y la santidad interna del propio Jesús.

Por fin, usted será todo lo que siempre deseó ser. No solo eso, sino que lo que llegue a ser nunca se le podrá quitar de nuevo. «Vida eterna» quiere decir vida interminable, vida que nunca oscurece ni se desvanece. Estará en su gloria para vivir como habrá de vivir y asumir las asignaciones del reino que Dios tiene para usted. Más sobre esto en un momento. Vamos a quedarnos aquí con nuestra restauración.

¿Alguna vez se ha imaginado cómo sería si la Caída nunca hubiese tenido lugar? ¿Se ha preguntado cuál habría sido la versión suya íntegra, sin mancha ni defecto, gloriosa, verdadera? ¿Sin un falso yo, sin herida alguna, nada moldeado por este mundo descompuesto y desquiciado? ¿No? Yo tampoco. Es casi incomprensible.

Pero va a conocer a esa persona realmente bien.

VER A NUESTROS SERES
QUERIDOS RESTAURADOS

Y volverán los rescatados por el SEÑOR,
y entrarán en Sión con cantos de alegría,
coronados de una alegría eterna.
Los alcanzarán la alegría y el regocijo,
y se alejarán la tristeza y el gemido. (Isaías 35.10)

¿Cómo será el gozo eterno que nos coronará? ¿Cómo será sentir que el gozo y la alegría han «superado» todas las expectativas? Sin duda que habrá gozo por el *alivio* que se estará experimentando. A menudo, las personas que sobreviven a algún accidente estallan en una risa casi inconsciente provocada por saber que no les pasó nada. Pero también está la alegría de la *anticipación*, esa alegría que viene cuando se sabe que el camino se ha abierto y que la vida ahora va a transcurrir de la manera que siempre se deseó que ocurriera. Ambos serán nuestros, el alivio, seguido por la alegría de la anticipación, probablemente en ese orden.

Imaginarse la restauración completa del alma puede ser una cosa difícil. Pero tal vez podamos lograrlo si pensamos en la restauración de las personas que amamos. Piense en la alegría que será ver a su esposo, a su esposa, a su amigo más querido, a su hijo o a su hija no tener que estar librando sus batallas internas. Verlos jóvenes y bien, vivos y libres, todo lo que usted sabía que eran. Usted siempre supo que en ellos había un resplandor, una sinceridad, una grandeza, aunque nunca pudieron manejarlo por sí mismos. Y ahora *lo ve*. Cuántas veces iremos a escuchar en la fiesta: «¡Mírate. Luces glorioso!».

De vez en cuando Stasi y yo nos soñamos con nuestros padres. Pero en el sueño olvidamos que murieron hace años, y nuestra reacción en el sueño es: «¿Dónde has *estado*? ¡Hace tanto tiempo!». Ayer estuve ante la ventana del despacho de Craig mirando las cajas que quedaban y me pregunté: *¿A dónde fuiste?* Yo sé dónde está, pero el corazón tiene muchas dificultades con la muerte (de nuevo se hace presente nuestro anhelo por el reino). El poeta Stanley Kunitz pregunta: «¿Cómo se reconciliará el corazón con su fiesta de los liberados?».[8] Se reconcilia en gran parte al contemplar con nuestros propios ojos la restauración de los que amamos. Y se reconcilia a través de todas las reuniones que tendrán lugar.

¿A quién espera ver de nuevo? Todos vamos a estar en la fiesta de la boda, porque cada uno de nosotros somos invitados de honor a ese banquete. Llegamos a la fiesta de Bilbo. Ponga eso en el espejo de su cuarto de baño: *¡Llegamos a la fiesta de Bilbo!* ¡Piense en la alegría que habrá en todos los encuentros que tendrán lugar! Quiero estar allí cuando Patrick salte a los brazos de su madre y de su padre. Oh, para ver de nuevo a los que hemos perdido y saber que nunca más volveremos a perderlos. Después de las lágrimas de alegría y los prolongados abrazos, todos esos momentos cuando simplemente demos un paso atrás y digamos: «¡Déjame mirarte! ¡Cómo has crecido!».

Después de esto... ¡Piense en la narración!

Elie Wiesel dijo que Dios creó al hombre porque ama las historias. Habrá tantas historias que contar. «¿Dónde has estado?» «¿Qué has hecho?» Todas las preguntas que finalmente tendrán respuestas: «¿Qué pasó realmente cuando tus líneas fueron invadidas por el enemigo? Me alegro de verte de nuevo, pero necesito oír el resto de la historia». «¿Supiste que tu hija llegó a ser un cirujano famoso? Por supuesto que sí... probablemente la ayudaste con los exámenes». Y una pregunta que me persigue constantemente, porque sé hasta qué punto se oculta aun la mejor relación: «¿Sabías cuánto te quería?».

Creo que las historias que vamos a escuchar tanto como vamos a contar en la fiesta serán también la razón por la que vamos a ser «festejados». Hay una hermosa imagen de esto hacia el final de la historia narniana *El caballo y el muchacho*:

> [...] fue un gran banquete celebrado aquella noche en el césped frente al castillo, con docenas de faroles para ayudar a la luz de la luna. Corrió el vino, se relataron historias y se contaron chistes, y luego se hizo el silencio [para contar cuentos importantes]. Bree les contó la historia de la batalla de Zulindreh... Y Lucy volvió a contar [...] *La historia del armario* y cómo ella, el rey Edmund, la reina Susan y Peter, Sumo Monarca, habían llegado por vez primera a Narnia.[9]

Piense en ello. Se hizo silencio en la fiesta de bodas, al pedirse a ciertos invitados que contaran las Grandes Historias. Moisés relata la huida de Egipto y la separación del mar. David viene a recrear su batalla con Goliat. María da un paso al frente (¿estará vestida con el sol?) y cuenta historias de los días ocultos de la infancia de Jesús. Un murmullo de emoción se produce en la multitud cuando Adán y Eva se adelantan y, más bien tímidamente, cuentan la historia de ponerles nombre a los animales (tuvieron algunos desacuerdos en relación con el erizo y el narval).

Y nadie se cansará, nadie tendrá que irse a la cama. Porque seremos jóvenes, y completos, y llenos de Vida.

MARAVILLA Y NUESTRA SANIDAD

Dios sana la tierra y nos sana a nosotros. Somos restaurados el uno al otro. La tierra espera por nuestra sanidad y esperamos la sanidad de la tierra. Creo que nuestra sanidad tiene alguna conexión con la sanidad de la tierra (más sobre esto en el capítulo 8), y estoy seguro de que la sanidad de la tierra ayuda a nuestra propia sanidad.

Nuestro Enemigo es el Gran Divisor. Su trabajo más venenoso tiene lugar a nivel de fragmentación, dividiendo familias, iglesias y fomentando el odio racial. Él usa el dolor y el sufrimiento para crear divisiones profundas dentro de nuestros propios seres. Su trabajo se ve por todas partes, desde el comienzo de nuestra trágica historia, cuando se desliza en el Edén para separar a la humanidad de Dios, para separarnos unos de otros, *y para separarnos de la tierra*. Traumatiza a los seres humanos, y luego los separa de la tierra que podría provocar su sanidad. En su libro *Last Child in the Woods* [El último niño en el bosque], Richard Louv[10] documenta cómo los seres humanos posmodernos sufren gravemente los daños físicos y mentales del «trastorno por déficit de la naturaleza». Nuestras vidas han sido cortadas del Jardín (del Edén) en el que estábamos destinados a florecer.

Los niños necesitan jugar en la tierra para desarrollar algunas de las bacterias amigables que el cuerpo humano necesita. Más y más estudios están revelando que muchos de los trastornos de inmunodeficiencia que sufrimos son causados porque vivimos en un ambiente demasiado estéril. Un corto paseo por el bosque reduce los niveles de estrés provocado por el cortisol. ¿No es una gracia de Dios que el sol nos dé vitamina D? La gente siempre dice que el sol los hace felices. Realmente lo hace. Los pacientes con las ventanas que miran hacia la naturaleza se recuperan en tasas lejos más altas que los que no tienen esa posibilidad. La naturaleza sana, mis queridos. La naturaleza sana. Dios ha ordenado que en la nueva tierra sea agua de *río* que nos traiga vida y *hojas* que se utilizan para sanidad:

> Luego el ángel me mostró un río con el agua de la vida, era transparente como el cristal y fluía del trono de Dios y del Cordero. Fluía por el centro de la calle principal. A cada lado del río crecía el árbol de la vida, el cual produce doce cosechas de fruto, y una cosecha nueva cada mes. Las hojas se usaban como medicina para sanar a las naciones. (Apocalipsis 22.1, 2, NTV)

Piense en cómo se debe sentir una persona restaurada viviendo en un mundo restaurado. ¿Qué fragancias percibirá? Tal vez usted ha caminado a través de un bosque de pinos en un día caluroso. Si levanta la corteza de un pino ponderosa, va a descubrir que huele a caramelo. Mi abuela solía poner caramelo en nuestro helado. ¿Se imagina un bosque entero lleno de caramelo? Recuerdo los naranjos en flor en el sur de California. Un aroma tan dulce y encantador. Espero que los huertos cercanos a la ciudad de Dios alegren la fiesta con encantadoras fragancias. El rancho de mi abuelo estaba situado en un valle donde algunos vecinos cultivaban menta. El aroma en tiempo de cosecha era grandioso. Todo el valle olía a mojitos o a Navidad. Ahora entendemos más cómo las fragancias realmente afectan al cerebro y facilitan la recuperación de los enfermos. Los aromas de la nueva tierra también traerán sanidad.

¿Y los sonidos del nuevo Edén? Incluso ahora, la música del agua corriendo calma mi alma. Me encanta sentarme junto a arroyos balbuceantes, quedarme dormido con el sonido de las olas del mar. Anoche, dos búhos se movían de un lado a otro en nuestro bosque. Hicieron que mi alma cansada se aligerara de alguna manera. Escucharemos la naturaleza en un concierto coral grandioso. Su música se mezclará con las risas, la música y los aromas de la fiesta misma, y entraremos y saldremos, bebiendo todo, nadando prácticamente en los poderes curativos de la creación, sintiendo cómo la Vida impregna cada rincón de nuestro ser. La felicidad y la alegría nos superarán; el dolor y sus suspiros desaparecerán para siempre.

Volví a soñar con Craig. ¿Habrá abierto el dolor mi alma como la ventana del cielo?

Estaba de pie en medio de una multitud de gente; más bien, alrededor de él había una multitud de gente. Sé que esta vez estaba en el reino, porque Jesús estaba allí, de pie ante Craig, mientras los testigos formaban un semicírculo. Era una ceremonia de algún tipo.

Vi que Craig inclinaba la cabeza; Jesús, entonces, colocó sobre él un manto, o un medallón, como los que se ponen a los ganadores de medalla de oro en los Juegos Olímpicos, o cuando el presidente otorga la Medalla de Honor a alguien. Sentí como si estuviera presenciando algo muy sagrado, un momento que el cielo ama especialmente.

Cuando comencé a relacionar el sueño con un amigo que también amaba a Craig profundamente, él dijo —antes de oír la escena que yo quería describir—: «Fue su promoción, su rango en el reino».

«Sí», repliqué.

Esa misma mañana recibí un correo electrónico de alguien que no sabía ni de esta conversación ni de mi sueño. El título del correo era «la promoción de Craig».

Jesús hará lo que sea para darnos seguridad respecto de las cosas más preciosas acerca de las que queremos estar seguros.

CAPÍTULO 6

Cuando cada historia se cuente correctamente

Anhelo oír vuestro relato.

SHAKESPEARE, *La tempestad*

uando J. R. R. Tolkien lanzó su trilogía épica, un medio escrito le pidió a C. S. Lewis que escribiera una crítica. Se refirió a esa obra maestra como «relámpagos en un cielo despejado... romance heroico, magnífico, elocuente y sin vergüenza, que de pronto ha retornado en un período casi patológico en su antiromanticismo».[1] *Patológico* es una palabra fuerte. Creo que Lewis hubiera elegido una aún más fuerte sesenta años después. Porque vivimos en una época de increíble incredulidad, una era completamente deconstruida, donde la capacidad de maravillarse ha sido despojada de todo.

Ya no creemos en lo noble, lo heroico o lo épico. La parte más importante de nuestro día es un capuchino en Starbucks o un video divertido de YouTube que alguien nos envió.

Por eso soy admirador de las grandes historias y las uso en mis libros. Para mí, son la representación más cercana a la verdadera naturaleza de la vida en el reino de Dios y la Historia en la que nos ha tocado vivir. Son el rescate que necesitamos para ver las cosas con claridad. Cuando la Escritura nos exhorta a que tomemos la espada y el escudo para «mantenernos alerta; permanecer firmes en la fe, sean valientes y fuertes», suena extraño a nuestros oídos desencantados.[2] Pero a los antiguos santos esta exhortación los conmovió hasta la médula. El llamado a ser valientes habría de despertar en ellos los anhelos más profundos. Su imaginación habría de sacar fuerza de las historias de los grandes guerreros de antaño.

Tolkien fue profundamente influenciado por el poema épico *Beowulf*, escrito como muchos creen por un monje en la Edad Media. Este poema relata la historia de un antiguo reino danés devastado por un monstruo malvado y de un valiente guerrero que viene a liberarlos. Rohan, el reino de Tolkien, es prácticamente una imagen que refleja el reino sitiado en *Beowulf* y, para imaginar a Heorot, la casa orgullosa del escudo danés en la cual gran parte de la historia tiene lugar, solo hay que imaginarse el Salón Dorado de Théoden Meduseld. El poema habla de una cultura guerrera en una época heroica mucho tiempo atrás, pero la leyenda es cristiana por los cuatro costados.[3]

Hrothgar es un buen rey de los daneses. Es su «poderoso príncipe». Construye su salón de oro y la paz reina en la tierra. Pero, en una forma u otra, el terror encuentra una forma de atormentarlos. «Entonces un poderoso demonio, un merodeador de la oscuridad» sale de los pantanos para aterrorizar a los daneses y festejar sobre los cadáveres de sus mejores guerreros. Noche tras noche, el monstruo Grendel ataca la fortaleza; el miedo y el trauma duran más de un año:

> Todos estaban en peligro; jóvenes y viejos
> yacían atrapados por su propia oscura sombra de muerte
> que acechaba y se abalanzaba sobre ellos en las largas
>   noches
> desde los páramos brumosos; nadie sabía
> por dónde merodeaban estos saqueadores del infierno.
> Así fue como Grendel emprendió su guerra solitaria,
> infligiendo constantes crueldades a la gente,
> y dolores atroces.[4]

La trágica noticia llega a un poderoso guerrero a través de las aguas al norte, en el reino de Geatland, ahora Suecia meridional. Beowulf es la figura de Cristo en la historia, un fuerte libertador:

> No había nadie vivo como él.
> En su día, él era el hombre de más alto rango y más
>   poderoso de la tierra.[5]

Beowulf toma trece compañeros, tremendos guerreros, y viene a ofrecer su ayuda al rey de los daneses, quien la acepta con gratitud. Celebran juntos, luego dejan el salón a Beowulf y a sus guerreros, sabiendo que el demonio vendrá otra vez en la noche para acabar de saciar su sed de sangre. Hrothgar advierte a Beowulf y le promete una gran recompensa:

> Conserva tu temple y no te olvides de tu fama.
> Cuídate del enemigo. No tienes nada que desear por
> eso no será tuyo si quedas con vida.[6]

La bestia viene y ataca a uno de los hombres de Beowulf antes de que se dieran cuenta de que estaba allí. Lo que sigue es una de las grandes batallas de la poesía épica, combate cuerpo a cuerpo entre el demonio asqueroso y la figura de Cristo. Beowulf finalmente hiere mortalmente a Grendel, y aunque la criatura escapa a los páramos, su destino está sellado. Entonces, de acuerdo con las tradiciones que vienen desde los antiguos reinos hasta nuestra propia Medalla de Honor, el héroe es recompensado:

> Entonces el hijo de Halfdane se presentó a Beowulf.
> con un estandarte de oro como un regalo de victoria,
> una bandera bordada; también una coraza de pecho
> y un casco; y una espada llevada en alto,
> que eran a la vez objetos preciosos y símbolos de
> honor.[7]

El rey ordena que se entreguen al héroe ocho caballos con bridas de oro, incluyendo el propio caballo del rey y la magnífica silla de montar.

> El jefe pasó a recompensar a los demás:
> cada hombre en el banquillo que había navegado con
>   Beowulf
>   y se arriesgó en el viaje recibió su recompensa,
> una posesión apreciable.[8]

Por supuesto, la historia no termina ahí. La madre de Grendel, una criatura aún más grande y más atroz, una «monstruosa novia del infierno», viene por la noche en busca de venganza. Mata al amigo y consejero más querido del rey. Beowulf va tras ella, y en una escena que recuerda a Cristo descendiendo al infierno para arrancar las llaves del Príncipe de las Tinieblas, desciende al pantano para matar a la madre de Grendel. Los agradecidos daneses le recompensan de nuevo «con abundantes riquezas, arcas de oro enrollado».[9]

Al vencedor va el botín. El honor de escenas como esta produce un acorde profundo en el corazón humano, incluso entre nosotros en una época en que se ha perdido todo concepto de honor y victoria y la alta dignidad de dar y recibir recompensa. A Hrothgar se le llama «el dador de tesoros de pelo gris». Era común que los reyes prometieran recompensas a sus fieles, que sacrificarían tanto, soportarían la carga más pesada, derramarían su propia sangre por el reino. David, el más grande de todos los reyes de Israel, lo hizo en muchas ocasiones.

RECOMPENSA

Ahora estamos preparados para entender mejor a Jesús. Volvamos a ese impresionante pasaje con el que comenzamos nuestras exploraciones de la *palingenesia*:

> Les aseguro [...] que en la renovación de todas las cosas, cuando el Hijo del hombre se siente en su trono glorioso [...] todo el que por mi causa haya dejado casas, hermanos, hermanas, padre, madre, hijos o terrenos recibirá cien veces más y heredará la vida eterna. (Mateo 19.28, 29)

Jesús estaba respondiendo a una pregunta cuando hizo estas promesas audaces. La pregunta vino de Pedro, aunque seguramente era compartida por todos sus compañeros:

> Entonces Pedro le dijo: «Nosotros hemos dejado todo para seguirte. ¿Qué recibiremos a cambio?» (19.27, NTV)

Jesús no está alarmado ni ofendido por la pregunta de Pedro. No le dice que servirle es suficiente, ni que la virtud es su propia recompensa. Le responde rápidamente con la proclamación de la Gran Renovación, y luego —como si eso no fuera suficiente (!)— les asegura a sus muchachos que serán recompensados en el reino venidero. Cien por ciento. Ese es un anuncio asombroso. ¿No será que Jesús está simplemente haciendo uso de una hipérbole? Pero entonces, irrumpe con su enseñanza sobre las minas y los talentos:

Así que les dijo: «Un hombre de la nobleza se fue a un país lejano para ser coronado rey y luego regresar. Llamó a diez de sus siervos y entregó a cada cual una buena cantidad de dinero. Les instruyó: "Hagan negocio con este dinero hasta que yo vuelva". Pero sus súbditos lo odiaban y mandaron tras él una delegación a decir: "No queremos a este por rey". A pesar de todo, fue nombrado rey. Cuando regresó a su país, mandó llamar a los siervos a quienes había entregado el dinero, para enterarse de lo que habían ganado. Se presentó el primero y dijo: "Señor, su dinero ha producido diez veces más". "¡Hiciste bien, siervo bueno! —le respondió el rey—. Puesto que has sido fiel en tan poca cosa, te doy el gobierno de diez ciudades". Se presentó el segundo y dijo: "Señor, su dinero ha producido cinco veces más". El rey le respondió: "A ti te pongo sobre cinco ciudades"». (Lucas 19.12–19)

La alegoría está apenas velada. Claramente, Jesús es el hombre de noble nacimiento que se fue para ser nombrado rey (lo que tuvo lugar en su ascensión) y que regresará. A su regreso, recompensa a sus siervos fieles (que seríamos nosotros, sus seguidores). Él repite la promesa, pero sube la apuesta con el relato de las ovejas y las cabras: «Vengan ustedes, a quienes mi Padre ha bendecido; reciban su herencia, el reino preparado para ustedes desde la creación del mundo» (Mateo 25.31–36). Hemos ido de casas a ciudades a reinos. Se nos dan *reinos*. Lo que ayuda a entender por qué se nos dice que vamos a reinar con él. Más sobre esto en un momento.

Por ahora, ¿puede ver el tema aquí? El rey victorioso recompensa gozosamente a sus compañeros fieles.

Es una mentalidad casi enteramente perdida para nuestra era. ¿Quién habla de recompensa? ¿Quién la anticipa? ¿Quién la espera? Sinceramente, nunca he tenido una conversación con un seguidor de Cristo que haya hecho mención a su esperanza de ser hermosamente recompensado. Ni una sola vez. Nunca. Esta no es virtud, amigos míos. En nuestra humildad no hemos excedido a los santos ni a la Escritura misma. Es un signo de nuestra bancarrota completa y total.

RECOMPENSAR ES UNA ACTITUD DEL REINO

Debido a que nuestra pobreza es tan grande, nos haría bien dejar que la repetición de la Escritura abra nuestros ojos a cuán central es esto a una mentalidad del reino:

«Alégrense y llénense de júbilo, porque les espera una gran recompensa en el cielo». (Mateo 5.12)

«Cuídense de no hacer sus obras de justicia delante de la gente para llamar la atención. Si actúan así, su Padre que está en el cielo no les dará ninguna recompensa [...] Más bien, cuando des a los necesitados, que no se entere tu mano izquierda de lo que hace la derecha, para que tu limosna sea en secreto. Así tu Padre, que ve lo que se hace en secreto, te recompensará». (Mateo 6.1–4)

«... acumulen para sí tesoros en el cielo». (Mateo 6.20)

«Cualquiera que recibe a un profeta por tratarse de un profeta recibirá recompensa de profeta; y el que recibe a un justo por tratarse de un justo recibirá recompensa de justo». (Mateo 10.41)

«Porque el Hijo del hombre ha de venir en la gloria de su Padre con sus ángeles, y entonces recompensará a cada persona según lo que haya hecho». (Mateo 16.27)

Sirvan de buena gana, como quien sirve al Señor y no a los hombres, sabiendo que el Señor recompensará a cada uno por el bien que haya hecho, sea esclavo o sea libre. (Efesios 6.7, 8)

Hagan lo que hagan, trabajen de buena gana, como para el Señor y no como para nadie en este mundo, conscientes de que el Señor los recompensará con la herencia. (Colosenses 3.23, 24)

Así que no pierdan la confianza, porque esta será grandemente recompensada. (Hebreos 10.35)

Por la fe Moisés [...] prefirió ser maltratado con el pueblo de Dios a disfrutar de los efímeros placeres del pecado. Consideró que el oprobio por causa del Mesías era una mayor riqueza que los tesoros de Egipto, porque tenía la mirada puesta en la recompensa. (Hebreos 11.24–26)

———

El canon bíblico termina con Jesús haciendo esta declaración final:

¡Miren que vengo pronto! Traigo conmigo mi recompensa, y le pagaré a cada uno según lo que haya hecho. (Apocalipsis 22.12)

Recompensa, recompensa, recompensa: llena las páginas de ambos Testamentos. San Pablo esperaba ser recompensado por su servicio a Cristo, como lo han hecho los santos a través de los siglos. Patrick, aquel poderoso misionero a los irlandeses, oraba diariamente: «Con la esperanza de resurrección para reunirme con la recompensa... Para que pueda venir a mí una abundancia de recompensa».[10] Es nuestra edad estéril la que está fuera de sincronía con la tradición. Es como C. S. Lewis lo dice cuando escribe:

Si consideramos las claras promesas de recompensa y la asombrosa naturaleza de las recompensas prometidas en los Evangelios, parecería que nuestro Señor encuentra nuestros deseos no demasiado fuertes, sino demasiado débiles. Somos criaturas asustadizas que pierden el tiempo con la bebida, el sexo y la ambición cuando se nos está ofreciendo una alegría infinita, como un niño ignorante que quiere seguir jugando con el barro en los suburbios pobre porque no se puede imaginar lo que significa el ofrecimiento de unas vacaciones junto al mar.[11]

La expresión «las claras promesas de recompensa» me paró en seco la primera vez que la leí, hace muchos años. Nunca había oído a un cristiano contemporáneo usar esa expresión. La palabra en inglés usada por Lewis, *unblushing,* se puede traducir como algo descarado, sin vergüenza, insolente, audaz, extravagante, sin mucho remordimiento. ¿Sabía usted que las promesas de recompensa que se le ofrecen en la Escritura son audaces, sin vergüenza, *descaradas*? ¿Y que esa recompensa es un tema central de las enseñanzas de Jesús y de la Biblia en su conjunto? Creo que aquí se ha colado una falsa humildad; que de alguna manera nos vemos a nosotros mismos por encima de nuestros antepasados en la fe cuando ignoramos completamente la categoría y nos proponemos vivir la vida que se nos da en la Escritura. Es completamente falsa a la naturaleza de Dios, y a la naturaleza humana.

> ¿Qué soldado presta servicio militar pagándose sus propios gastos? ¿Qué agricultor planta un viñedo y no come de sus uvas? ¿Qué pastor cuida un rebaño y no toma de la leche que ordeña? (1 Corintios 9.7)

Dios parece ser de la opinión que nadie debería esperar soportar los rigores de la vida cristiana sin esperanzas *muy firmes* y *concretas* de ser descaradamente recompensado por ello. Por supuesto que hay un lugar para el altruismo, no hay duda al respecto. Pero en nuestro orgullo o en nuestra pobreza se nos ha colado una falsa humildad.

Ese pastor que sirve por cuarenta años a una congregación más bien pequeña, mezquina e ingrata, el hombre que trabaja horas extra visitando a los enfermos y reconfortando a los quebrantados de corazón, el siervo que es muy mal pagado y a quien maltrata regularmente su propio rebaño, ¿qué tiene que hacer? ¿Esperar? ¿No debería ser su recepción en el reino como la de un gran príncipe que regresa a la tierra de su padre, con una recompensa suntuosa? De hecho, lo será. ¿Se habrá de recompensar su bondad? Lo será. ¿Será recompensado su sufrimiento? Lo será. De hecho, cada acto noble de su fidelidad, en gran parte oculto, cada acción de amor no reconocida e incomprendida será recompensada *individual y específicamente* (Mateo 10.41, 42; 25.35, 36). Y entonces será un noble rico en el reino de Dios. Todo lo que él debió de haber tenido pero no recibió aquí será retribuido con un cien por ciento en la restauración de todas las cosas.

¿Qué pasará con la mujer creyente que luchó con una enfermedad mental toda su vida, en gran parte sola y casi completamente incomprendida, aferrándose a su fe como alguien que se está ahogando se aferra a una roca, mientras que una mente dañada la atormenta a diario? ¿No debería entrar en el reino como la reina de un gran país? De hecho, lo hará. Probablemente se le conceda una posición que le permita dispensar sabiduría y percepción que enriquecerá los corazones y las mentes de sus congéneres.

Oh sí, las recompensas se darán en el reino con gran honor y ceremonia. Y yo creo que una de nuestras mayores alegrías será ser testigos de lo que suceda.

———

Cuando piensa en todas las historias de los santos a través de las edades y en todas las opciones hermosas, heroicas, dolorosas y sacrificadas hechas por esos santos, el sufrimiento, la persecución, ¿cuánto tiempo disfrutaremos escuchando esas historias que deberían ser recompensadas, y luego mirar extasiados cómo nuestro Rey cumple la situación específica con perfecta generosidad? La idea de tal cosa me llena de felicidad incluso ahora. Tengo amigos y seres queridos para los que quiero un asiento en primera fila para que presencien este momento.

Para que nuestras vidas sean recompensadas, necesitamos que nuestras historias se cuenten, y se cuenten en forma correcta.

Su historia contada correctamente

La épica *Los miserables*, de Victor Hugo, obviamente ha tocado algo profundo en nuestra humanidad. Durante el tiempo en que he vivido, se han hecho de ella tres versiones diferentes de película y un imponente musical en Broadway. Creo que el atractivo tan prolongado de la historia radica en que el tema general es la promesa. El cierre del musical y la película más reciente ofrecen una escena increíblemente emotiva cuando todos los que han muerto regresan, cantando el gran himno sobre cómo todos seremos libres y viviremos en el Jardín de Dios y cómo cada alma recibirá su recompensa. ¡Es una escena de la gran *palingenesia*! No es de extrañar que el musical haya sido extremadamente popular.

Pero hay algo más: el poder que tiene una historia que es contada correctamente. Jean Valjean es un hombre bueno, pero el destino le ha dado una mano injusta. Es un hombre perseguido, incomprendido, calumniado, que tiene que huir de una ciudad a otra toda su vida. Pero *nosotros* vemos su gran corazón, sus opciones de sacrificio, y al final vemos que por fin vindicado, cómo hizo la cosa más amorosa y sacrificial y cómo su vida estaba realmente llena de belleza y dignidad. La gran nube de testigos aparece a su llegada al reino de los cielos y se lo merece.

Oh, cómo nos dolemos por este momento, cada uno de nosotros.

Cuando nos preparamos para el servicio conmemorativo de Craig este verano, me sorprendió la burda ineptitud de una hora o noventa minutos para satisfacer la necesidad. ¿Cómo contar la historia de una vida humana? ¿Cómo se puede hacer justicia a toda la tristeza oculta, a los denodados combates, a los millones de pequeñas decisiones anónimas, al impacto de una gran alma en miles de otras vidas? ¿Cómo puede empezarse a decir lo que una vida significa para el reino de Dios?

La respuesta es, solo *en* el reino de Dios. Solo una vez que estemos allí.

Su historia será contada correctamente. Sé que muchas veces la atención se ha puesto de preferencia en el contexto del juicio y de la justicia que serán aplicados. Pero los amigos de Dios no se enfrentarán al juicio; para nosotros, el énfasis de la celebración de nuestras vidas se pondrá claramente en el contexto de la *recompensa*:

Según la gracia que Dios me ha dado, yo, como maestro constructor, eché los cimientos, y otro construye sobre ellos. Pero cada uno tenga cuidado de cómo construye, porque nadie puede poner un fundamento diferente del que ya está puesto, que es Jesucristo. Si alguien construye sobre este fundamento, ya sea con oro, plata y piedras preciosas, o con madera, heno y paja, su obra se mostrará tal cual es, pues el día del juicio la dejará al descubierto. El fuego la dará a conocer, y pondrá a prueba la calidad del trabajo de cada uno. Si lo que alguien ha construido permanece, recibirá su recompensa. (1 Corintios 3.10–14)

Sabemos que todos nuestros pecados han sido perdonados; sabemos que vivimos bajo misericordia. Sabemos que no hay condenación para los que están en Cristo (Romanos 8.1). Ninguna condena, nunca. Estaremos revestidos por justicia, y justicia emanará de nuestro ser. Así que si podemos eliminar todo temor a la exposición de nuestros corazones, si podemos establecer esto con seguridad dentro del contexto del amor de nuestro Padre, nos ayudará a vivir un gran momento en el reino: el tiempo para que cada historia se cuente correctamente.

¡Qué maravilloso será ver a Jesucristo vindicado, después de tantas eras de burla, rechazo, destitución y difamación. Nuestro Amado ha soportado la calumnia, la desconfianza y, lo peor de todo, la grotesca distorsión por las caricaturas y las falsificaciones religiosas con que alardearon en su nombre. Todo el mundo lo verá tal *como él es*, como Rey coronado.

Toda lengua será acallada, y su vindicación traerá un tremendo gozo a los que lo aman.

¡Pero amigo, la vindicación de Jesús será también la suya!

Usted probablemente tendrá una cantidad de historias que le encantaría contar correctamente explicando sus actos y respaldados por Jesús. Yo las tengo.

Creo que nos vamos a sorprender de todo lo que Jesús se ha dado cuenta. Las «ovejas» sin duda que estarán cuando se cuenten sus historias: «¿Cuándo te vimos hambriento y te alimentamos, o sediento y te dimos de beber?» (Mateo 25.37). ¡Qué sorpresa tan encantadora! Todas nuestras acciones, grandes y pequeñas, se habrán visto, y cada una *recibirá* su recompensa.

Todas esas decisiones que su familia interpretó mal y las acusaciones con las que tuvo que cargar y las muchas maneras en que tuvo que pagar por ellas. Las miles de decisiones que tuvo que tomar en silencio para pasar por alto un comentario cortante, un fracaso, o para ser amable con ese amigo que le falló de nuevo; las cosas que le habría gustado haber hecho personalmente mejor, pero en ese momento nadie sabía que estaba trabajando bajo luchas, guerra espiritual, la depresión y la fatiga crónica. Los millones de veces en que ha sido ignorado y mal interpretado. Su Defensor lo hará todo perfectamente claro; usted será vindicado.

EL AJUSTE DE CUENTAS

Hace unos años mis hijos y yo con unos cuantos amigos cumplimos un viejo sueño: hacer una película de aventuras sobre el evangelio en forma de historia épica. La película se desarrolló teniendo como telón de fondo un viaje en moto que hicimos a través de las tierras vírgenes de Colorado. El proyecto tuvo un alto costo en todos los niveles: varios motociclistas resultaron seriamente heridos, y la guerra espiritual que soportamos fue simplemente asombrosa. Habíamos puesto corazón y alma en ese proyecto, con la esperanza de presentar un evangelio cautivador a una nueva audiencia.

La reacción nos tomó completamente por sorpresa. Una minoría despiadada de la comunidad de motociclistas se sintió ofendida al ver una película basada en la fe y nos atacó por las redes sociales con el odio del que hablé en el capítulo 1 de este libro. Expresiones violentas, calumnias, maldiciones. De mis hijos se burlaban repetidamente. Aquello rompió nuestros corazones. La comunidad cristiana hizo sus propios disparos, lo que añadió pena a nuestros corazones destrozados. Nadie supo la historia completa.

Debido a que se basaba en la fe, proyectamos un preestreno para los líderes de la comunidad de motociclistas y nuestros patrocinadores, empresas de equipos de motocicletas. A todo el mundo le encantó. No hubo ninguna indicación de que el contragolpe estuviera llegando. Y cuando llegó, maldiciendo con toda la furia del infierno, no podíamos decirles que habíamos contado con la aprobación de su propia gente (no queríamos arrojarlos a las patas de los caballos ni violar la privacidad de su amable apoyo). Nadie se puso de nuestro lado. Si solo hubiesen conocido la historia, habrían sabido que lo que hicimos, lo hicimos por el bien de sus almas. El costo, la guerra atroz, la casi muerte de uno de los miembros del equipo, todo había sido para ellos.

Esta es una pequeña historia entre todas las historias, pero es algo que puedo contar sin incriminar a nadie, y la herida es reciente. Mi corazón se siente bien al saber que un día esa historia será contada correctamente, y la vindicación será parte de nuestra sanación. No estoy pidiendo venganza; no quiero tomar represalias. Jesús es nuestro defensor. Y, amigos, Jesús *vendrá* en nuestra defensa. Su historia necesita ser contada correctamente. Él no dejará que las injusticias que usted ha soportado se queden sin ser tratadas. Eso sería una violación de su naturaleza y de su reino. Hay tantas historias que necesitan ser sacadas a la luz, y tanta reivindicación que necesita tener lugar si la justicia es real y la sanidad verdadera.

Francamente, hay una serie de disculpas que estoy deseando recibir.

Y un buen número de disculpas que estoy deseando ofrecer.

Habrá un día de ajuste de cuentas, de liquidación de cuentas. Esto fue una vez central a la visión cristiana del futuro, y absolutamente importante para mantener la integridad en las sociedades influenciadas por la iglesia. ¿Quién piensa en eso ahora? Cuántas transgresiones grandes y pequeñas se evitarían si en el momento de llevarlas a cabo se pensara: *Voy a tener que estar desnudo ante Dios Todopoderoso para explicar esto.* El miedo al Fuego Consumidor quizás sea lo único que los impíos entienden.

Pero para los *amigos* de Dios, el arreglo de cuentas no tiene por qué ser negativo; ¡es un gran estímulo y una esperanza sustentadora! La vindicación de nuestras quejas, el honor dado a nuestros miles de elecciones silenciosas y la promesa descarada de recompensa está destinada a estimularnos.

CÓMO IMAGINAR SU REGRESO A CASA

Así que déjeme preguntarle: ¿qué recompensas espera usted recibir? Lo digo en serio. Deténgase por un momento y piense. ¿Qué recompensas específicas tiene en depósito? ¿Le parece que el concepto entero yace vacío en su alma, como en un ático en una casa abandonada? Este lugar en su corazón necesita *llenarse* de ricas imágenes de auténtica anticipación para que sea el combustible que le sostenga en su largo viaje hasta aquí. Quizás la razón por la que usted ha venido sufriendo de desaliento sea porque no se había dado cuenta de las grandes recompensas que están a la vuelta de la esquina para usted.

¿Cómo le gustaría que fuera su recepción en el reino? ¿Ha pensado en eso?

¿Quiere entrar apenas «raspando» o como quien se desliza subrepticiamente? En la Escritura hay una advertencia sobre eso. Después de que Pablo nos urge a «construir con cuidado» con la esperanza puesta en la recompensa, dice que lo que algunas personas habrán hecho en la vida será tan malo que las llamas lo consumirán y que esas personas sufrirán la pérdida de lo que hicieron, aunque ellas serán salvas pero como quien pasa a través del fuego (ver 1 Corintios 3.15). Escapar apenas de una casa en llamas no es algo a lo que nadie aspire.

Entiendo la gratitud de: «Pues claro, estoy agradecido de estar aquí» pero se nos exhorta a ir mucho más allá que eso; se nos exhorta a construir con cuidado con una visión de premio; es decir, que «corran, pues, de tal manera que lo obtengan» (1 Corintios 9.24).

Quizás no sea más que un deseo infantil (pero recuerde, solo el corazón de un niño recibirá el reino). Me encantan las historias donde se celebran actos de valor. Como el momento de honor de Eustace en *La travesía del viajero del alba*. Eustace ha sido más que desagradable y fastidioso. Cuando se lo convierte en un dragón debido a su propia pequeña avaricia y orgullo, uno siente que se lo merecía. Pero Aslan viene en su ayuda y su salvación provoca en él un maravilloso cambio de corazón. Poco después el barco es atacado por una serpiente de mar:

Todos corrieron a tomar las armas, pero no podía hacerse nada, el monstruo estaba fuera de su alcance. «¡Disparad! ¡Disparad!», gritó el maestro arquero, y algunos obedecieron, pero las flechas rebotaron en el pellejo de la serpiente marina como si estuviera recubierto de placas de hierro. Luego, durante un minuto espantoso, todos se quedaron inmóviles, con la cabeza alzada hacia aquellos ojos y aquellas fauces, mientras se preguntaban sobre qué se abalanzaría.

Pero no se abalanzó, sino que lanzó la cabeza al frente por encima del barco a la altura de la verga del mástil. La testa quedó, entonces, justo al lado de la cofa militar. La criatura siguió estirándose y estirándose hasta que la cabeza quedó por encima de la borda de estribor. En ese punto empezó a descender; no sobre la atestada cubierta sino en dirección al agua, de modo que toda la nave quedó bajo el arco que describía el cuerpo de la serpiente. Y casi al momento el arco empezó a encogerse; a decir verdad, por el lado de estribor la serpiente marina casi tocaba al *Viajero del Alba*.

Eustace [...] realizó en aquel momento la primera acción valerosa de su vida. Llevaba la espada que Caspian le había prestado, y en cuanto el cuerpo de la serpiente estuvo lo bastante cerca del lado de estribor saltó sobre la borda y empezó a asestarle golpes con todas sus fuerzas. Bien es cierto que no consiguió nada aparte de hacer pedazos la segunda mejor espada de Caspian, pero fue una acción hermosa para un principiante.[12]

El barco apenas escapa de los anillos de la serpiente, y una vez que estuvieron libres de peligro a Eustace lo aplauden por su valentía:

Pero el *Viajero del Alba* estaba ya muy lejos, empujada por una brisa recién levantada, y los hombres fueron a recostarse o a sentarse por toda la cubierta entre gemidos y jadeos, hasta que por fin pudieron comentar lo sucedido, y más adelante reírse de ello. Y después de que se les sirviera un poco de ron incluso profierion algunas aclamaciones; y todos alabaron el valor de Eustace.[13]

Una escena bastante simple, pero mucho mejor que el momento en *La silla de plata* cuando el Gran león mira a Jill: «La niña supo de inmediato que el animal la había visto, ya que sus ojos miraron directamente a los suyos durante un instante y luego se desviaron; como si la conociera bien y no le tuviera demasiada estima».[14] ¡Cielos, no! ¿No le gustaría que lo *aplaudieran* en algún momento durante la fiesta? «Y todos alabaron el valor de Nancy... de Brian... de Jennifer. Levantaron sus copas y gritaron vivas, ya que por primera vez habían contado su historia correctamente». Por supuesto que a usted le gustaría, ¿verdad?

Todavía mejor es una escena hacia el final de *El retorno del rey*, cuando el querido Sam y Frodo, rescatados de los fuegos de la Montaña de Fuego, despiertan para encontrarse en el bosque de Ithilien. Gandalf los conduce a través de los hermosos bosques hacia el campamento de Aragorn, ahora el rey de Gondor:

Al llegar al claro del bosque les sorprendió ver unos caballeros de armadura brillante y unos guardias altos engalanados de negro y de plata que los saludaban con respetuosas y profundas reverencias. Se oyó un largo toque de trompeta, y siguieron avanzando por la alameda, a la vera de las aguas cantarinas. Y llegaron a un amplio campo verde, y más allá corría un río ancho en cuyo centro asomaba un islote boscoso con numerosas naves ancladas en las costas. Pero en ese campo se había congregado un gran ejército, en filas y compañías que resplandecían al sol. Y al ver llegar los hobbits desenvainaron las espadas y agitaron las lanzas; y resonaron las trompetas y los cuernos.[15]

¿No le emociona hasta el llanto saber cuánto habrán tenido que pasar Sam y Frodo para merecer ese momento? Ellos merecían con creces esa recepción, y llena mi corazón el anhelo de recibir también tal clase de bienvenida en el reino.

¿Qué le gustaría que ocurriera en su recepción en el reino? Piense y exprésalo dada la importancia de tal acontecimiento.

Un amigo mío que ha batallado intensamente en la Gran Batalla contra el mal me dijo lo siguiente en un momento de tierna vulnerabilidad:

Quiero terminar bien. Quiero volver como un héroe, un soldado digno del reino. Tuve esta visión. No sé si fue una visión real o simplemente una expresión de mi corazón. Me vi, con la espada en mi costado, el escudo sobre mi espalda, yendo por la calle principal de la Ciudad. Llevaba puesto el equipo de guerra, sucio por largos años en el frente. La gente estaba apostada a ambos lados de la calle dándome la bienvenida. La gran nube, supongo. Reconocí cientos de rostros, los rostros de aquellos por cuya libertad luché. Sus sonrisas y lágrimas llenaron mi corazón de un gozo profundo. Mientras iba caminando para encontrarme con Jesús y nuestro Padre, mis amigos y compañeros guerreros se unieron a mí, y seguimos avanzando como un grupo compacto. Vi ángeles allí, tal vez los ángeles que pelearon por nosotros y con nosotros que caminaban por ambos lados de la calle. Vi pétalos de flores sobre el pavimento. Vi pancartas ondeando con la brisa. Llegamos al trono y nos arrodillamos. Jesús se acercó y me besó en la frente, y nos dimos un gran abrazo, como siempre supe que ocurriría. Entonces mi Padre se adelantó y me tomó por los hombros y me dijo: «Bien hecho, hijo mío. Muy bien hecho. Bienvenido a casa». Mientras nos abrazábamos, una alegre gritería se elevó de entre la multitud.

Esa sí que es una recepción por la que valdría la pena vivir, ¿no le parece? La realidad de que cada historia se contará correctamente debería afectar sus opciones de hoy. Si vivir la fe cristiana no tiene ningún costo, ¿dónde estaría el mérito para ser recompensados? No puedo dejar de señalar aquí que si yo quisiera recibir la bienvenida de un héroe, es importante que tenga en cuenta que los actos valientes requieren situaciones desesperadas. Y las situaciones desesperadas nos rodean por todas partes y en todo tiempo, mi amigo.

La promesa volvió de nuevo esta mañana, en un día muy duro.

Hoy es el día en que Patrick, el hijo de Sam y Susie, tendría que haber nacido. Lo hubiéramos sostenido en nuestros brazos; habría habido juegos de béisbol, y fiestas de cumpleaños; helados y rodillas peladas y dormidas. Le habría leído mis libros favoritos. Perder a Patrick no fue simplemente un «aborto involuntario». Fue perder una historia entera.

Él ha ido delante de nosotros, y no lo veremos sino hasta que estemos en el reino.

Esta mañana me paré ante la ventana, llorando en silencio. Los cielos comenzaron a mandar una lluvia ligera, como las lágrimas de Dios. No se esperaba lluvia para hoy día. ¡Qué amabilidad la suya!

Pero entonces, tan inesperadamente como llegó la lluvia, salió el sol. Aún llovía. La luz dorada brillaba a través de cada gota de lluvia, iluminando millones de gotas, convirtiendo un momento gris y triste en algo mágico, en una lluvia de diamantes.

Dios había venido a recordarme de nuevo todo lo prometido en la Renovación.

CAPÍTULO 7

El derrocamiento de la maldad

«¡Gandalf. Creía que estaba muerto! Pero yo
mismo creía estar muerto. ¿Acaso todo lo triste era
irreal? ¿Qué ha pasado en el mundo?» «Una gran
Sombra ha desaparecido», dijo Gandalf, y rompió
a reír, y aquella risa sonaba como una música,
o como agua que corre por una tierra reseca; y
al escucharla Sam se dio cuenta de que hacía
muchos días que no oía una risa verdadera, el puro
sonido de la alegría. Le llegaba a los oídos como
un eco de todas las alegrías que había conocido.

J. R. R. TOLKIEN, *El señor de los anillos*

Hubo un tiempo en que la tierra era sana y hermosa, resplandeciente como una esmeralda, llena de gloria, repleta de *anticipación*. Maravillas a la espera de ser reveladas, aventuras a la espera de ser nuestras. La creación era un cuento de hadas, una gran leyenda, todo cierto.

Hubo un tiempo en que nosotros también éramos sanos y hermosos, gloriosos paseando por el Jardín como hijos e hijas de Dios. Una hija de Dios es una diosa; un hijo de Dios es un dios. «Yo les he dicho: "Ustedes son dioses; todos ustedes son hijos del Altísimo"» (Salmos 82.6). Fuimos santos y poderosos; gobernamos la tierra y el reino animal con amorosa bondad.

Pero el Edén era vulnerable; algo oscuro se deslizó entre las sombras. Algo horrible y siniestro. Desterrados del cielo, Satanás y sus guerreros caídos vinieron en busca de venganza:

> Desperdiciar toda su Creación, o poseer
> todo como nuestro, y dirigir como nos dirigieron,
> los habitantes insignificantes; o si no son dirigidos,
> seducirlos a nuestro partido, para que ese Dios
> pueda probar ser un enemigo, y con mano arrepentida
> abolir sus propias obras. Esto superaría
> la venganza común, e interrumpiría su alegría…
>   cuando sus queridos hijos
> lanzados de cabeza para participar con nosotros,
>   maldigan
> sus frágiles orígenes y su borrosa dicha.[1]

Si la Restauración venidera se ha de cumplir en la tierra y en nuestras vidas, Satanás y sus ejércitos deberán ser destruidos. Nunca más podrá hacer daño.

Estamos dejando que las grandes historias despierten nuestra imaginación al reino venidero, llenen nuestros corazones de brillantes imágenes y esperanzadoras expectativas. Aprovechemos el momento crucial hasta el clímax de cada historia y la redención que anhelamos ver: ese momento glorioso cuando el mal sea derrotado.

Ya sean niños o adultos, muchos de nosotros nos enamoramos de Aslan, el gran león-Cristo de Narnia. No podemos olvidar esa terrible escena cuando la Bruja Blanca hunde con tanta saña el puñal en el corazón del Gran León.

Se situó junto a la cabeza de Aslan. La cara de la Bruja estaba crispada de furor y de pasión; Aslan miraba el cielo, siempre quieto, sin demostrar enojo ni miedo, sino tan solo un poco de tristeza. Entonces, unos momentos antes de asestar la estocada final, la Bruja se detuvo y dijo con voz temblorosa: «Y ahora, ¿quién ganó? Idiota, ¿pensaste que con esto tú salvarías a ese humano traidor? Ahora te mataré a ti en lugar de él, como lo pactamos, y así la Magia Profunda se apaciguará. Pero cuando tú hayas muerto, ¿qué me impedirá matarlo también a él? ¿Quién podrá arrebatarlo de mis manos entonces? Tú me has entregado Narnia para siempre. Has perdido tu propia vida y no has salvado la de él. Ahora que ya sabes esto, ¡desespérate y muere!» Las dos niñas no vieron el momento preciso de la muerte. No podían soportar esa visión y cubrieron sus ojos.[2]

Una escena desgarradora para cada corazón: de niño, joven y viejo. Si no supiéramos el final de la historia sería insoportable. Cuánto mayor será nuestra alegría, entonces, cuando el *resucitado* Aslan conduzca a sus ejércitos a la victoria y se vengue así de la Bruja:

Allí estaban Pedro, Edmundo y todo el resto del ejército de Aslan peleando desesperadamente contra la multitud de criaturas horribles que ella había visto la noche anterior. Sólo que ahora, a la luz del día, se veían más extrañas, más malvadas y más deformes. También parecían ser muchísimo más numerosas que ellos. El ejército de Aslan —que daba la espalda a Lucía— era dramáticamente pequeño. En todas partes, salpicadas sobre el campo de batalla, había estatuas, lo que hacía pensar en que la Bruja había usado su vara. Pero no parecía utilizarla en ese momento. Ella luchaba con su cuchillo de piedra. Luchaba con Pedro... Ambos atacaban con tal violencia que difícilmente Lucía podía vislumbrar lo que pasaba. Sólo veía que el cuchillo de piedra y la espada de Pedro se movían tan rápido que parecían tres cuchillos y tres espadas. Los dos contrincantes estaban en el centro. A ambos lados se extendían las líneas defensivas y dondequiera que la niña mirara sucedían cosas horribles.

—¡Desmonten de mi espalda, niñas! —gritó Aslan. Las dos saltaron al suelo. Entonces, con un rugido que estremeció todo Narnia, desde el farol de occidente hasta las playas del mar oriente, el enorme animal se arrojó sobre la Bruja Blanca. Por un segundo Lucía vio que ella levantaba su rostro hacia él con una expresión de terror y de asombro.[3]

Al fin. Al fin. ¿No hay algo en ti que resuene profundo con este momento? *Por favor, Señor, sí. Vence el mal. Hazlo pronto.*

En la larga batalla contra la oscuridad que Tolkien describe tan poderosamente en su Trilogía de los anillos hay muchos momentos de honesta justicia. Uno de mis favoritos (también lo es para Hollywood) tiene lugar en los campos de Pelennor durante la última gran batalla por la Tierra Media, cuando el valiente Éowyn destruye al rey brujo de Angmar, terror de los hombres, líder de los Nazgûl. Ese príncipe de las tinieblas está a punto de deshacer a su señor y rey, que ha caído:

El Jinete Negro emergió de la carroña, alto y amenazante. Con un grito de odio que traspasaba los tímpanos como un veneno, descargó la maza. El escudo se quebró en muchos pedazos, y Éowyn vaciló y cayó de rodillas: tenía el brazo roto. El Nazgûl se abalanzó sobre ella como una nube; los ojos le relampaguearon, y otra vez levantó la maza, dispuesto a matar.

Pero de pronto se tambaleó también él, y con un alarido de dolor cayó de bruces, y la maza, desviada del blanco, fue a morder el polvo del terreno. Merry lo había herido por la espalda. Atravesando el manto negro, subiendo por el plaquín, la espada del hobbit se había clavado en el tendón detrás de la poderosa rodilla.

«¡Éowyn! ¡Éowyn!» gritó Merry. Entonces Éowyn, trastabillando, había logrado ponerse de pie una vez más, y juntando fuerzas había hundido la espada entre la corona y el manto, cuando ya los grandes hombros se encorvaban sobre ella. La espada chisporroteó y voló por los aires hecha añicos. La corona rodó a lo lejos con un ruido de metal. Éowyn cayó de cruces sobre el enemigo derribado. Mas he aquí que el manto y el plaquín estaban vacíos. Ahora yacían en el suelo, despedazados y en un montón informe; y un grito se elevó por el aire estremecido y se transformó en un lamento áspero, y pasó con el viento, una voz tenue e incorpórea que se extinguió, y fue engullida, y nunca más volvió a oírse en aquella era del mundo.[4]

Encontrarás este momento en casi cada historia que amas. A veces en el cine no puedo sino gritar «¡Sí!» cuando sucede. Es un poco embarazoso, pero no me puedo contener, no tanto por la historia que estoy viendo, sino por el Día que anhelo con cada fibra de mi ser.

NUESTRA HISTORIA

Nos encanta la caída del líder Nazgûl porque esta escena hace eco a nuestra historia:

Cuando se cumplan los mil años, Satanás será liberado de su prisión, y saldrá para engañar a las naciones que están en los cuatro ángulos de la tierra —a Gog y a Magog—, a fin de reunirlas para la batalla. Su número será como el de las arenas del mar. Marcharán a lo largo y a lo ancho de la tierra, y rodearán el campamento del pueblo de Dios, la ciudad que él ama. Pero caerá fuego del cielo y los consumirá por completo. El diablo, que los había engañado, será arrojado al lago de fuego y azufre, donde también habrán sido arrojados la bestia y el falso profeta. Allí serán atormentados día y noche por los siglos de los siglos. (Apocalipsis 20.7–10)

Un momento de silencio, por favor.

Pausa y acéptelo como una verdad: el mal será juzgado y totalmente destruido. Por los siglos de los siglos. No solo en el cuento de hadas, sino aquí en realidad, en nuestra Historia. Satanás, sus ejércitos y toda forma del mal serán destruidos con un castigo que nunca terminará, bajo una justicia implacable.

Yo lo siento como si se me hubiese quitado un peso de diez toneladas.

¿Cómo será dejar de ser asaltado? ¿Estar completamente libre de toda acusación? ¿Mirarse en el espejo y no escuchar pensamientos o voces acusadoras? ¿Estar completamente libre de toda tentación y del sabotaje de su carácter, no porque resista con éxito en un momento de gran resolución, sino porque *ya el mal no existe* en ninguna parte del mundo? ¿Cómo será no tener las nubes oscuras entre nosotros y nuestro amado Jesús, ese velo que tan a menudo nubla nuestra relación con él? ¿Se imagina cómo será cuando toda la aflicción física, tormento emocional, abuso, todo el mal en este mundo haya desaparecido.

Piénselo: ¿con qué males ya no tendrá que vivir usted personalmente?

¡Oh, la alegría que experimentaremos cuando veamos con nuestros propios ojos al enemigo derribado para siempre, lanzado a su tormento eterno! ¡Oh, la esperanza que comienza a surgir al pensar en un mundo en el que el enemigo ya no podrá hacer lo que hace! ¡Ver a nuestros seres queridos liberados de sus batallas por la vida! ¡Sentirnos liberados nosotros de nuestras propias batallas por la vida, sabiendo con absoluta seguridad que el reino de la muerte y de la oscuridad ha sido destruido para siempre.

Esta es mi escena favorita en la película *The Last of the Mohicans* [El último de los mohicanos], una historia ambientada en la guerra entre Francia y los indios a mediados de 1700. Aquella fue una guerra cruel, con salvajismo extremo practicado desde ambos lados. En la película, el archivillano es un personaje muy retorcido, un indio hurón llamado Magua. Su mente y su corazón están tan atormentados de amargura y sed de sangre, que se entrega a sí mismo para convertirse en maldad encarnada. Magua es un traidor y asesino; destruye la vida y la felicidad de muchas personas.

El guerrero mohawk Chingachgook es la figura paterna en la película, como nuestro Padre celestial. Tiene dos hijos: Uncas, su hijo de nacimiento, y Nathaniel, su hijo blanco adoptado. A finales de la película Magua ha sacado con cuchillo el corazón de un capitán inglés al llevarse a sus dos hijas para hacerlas sus esclavas. Las hijas son cada una el amor de los dos hijos de Chingachgook. (La novia tomada cautiva, como en nuestra historia). Los tres guerreros, padre e hijos, corren para rescatarlas. Uncas encuentra a Magua primero, pero Magua es poderoso. Mata al hermoso joven guerrero indio y arroja su cuerpo por un acantilado. Su amor, Alice, se lanza detrás de él en lugar de convertirse en esclava sexual de Magua. Entonces el padre llega y toma venganza. Magua es abatido. Chingachgook lo mata con su hacha de batalla.

El maligno finalmente consigue lo que se merece. Es detenido, juzgado y destruido. Cada vez que veo una escena así, le recuerdo a Satanás que este es su fin. *Ya viene,* pienso. *Este es tu fin.*

Usted desea ardientemente que llegue ese día; y lo desea de maneras muy particulares.

Un corazón para la redención

Algunas historias e imágenes permanecen en su mente durante años. Por desgracia, por lo general suelen ser las más oscuras. Recuerdo haber hojeado un catálogo de fotos de la Segunda Guerra Mundial cuando me encontré con una que no podía dejar de mirar. Al principio todo lo que vi fue un gran grupo de soldados; pero entonces me di cuenta de que estaban formados en unas filas bastante largas, fumando y charlando como si estuvieran esperando para entrar en el comedor o para usar la letrina. Me fijé en la inscripción que explicaba que este grupo lo formaban soldados japoneses que esperaban su turno con «chicas consoladoras coreanas», jóvenes cautivas obligadas a tener relaciones sexuales con cientos de enemigos cada día.

Casi vomito. Casi vomito ahora que lo escribo. Quería gritar. Quería hacer algo al respecto.

En las guerras, la raza humana ha demostrado ser capaz de llevar a cabo abusos indescriptibles. Ahora, la guerra está ante nuestro umbral, y se ha convertido en una gran industria mundial. Millones de seres humanos —incluidos niños— son forzados a actuar sexualmente todos los días en este planeta. La prostitución mundial mueve anualmente 186 mil millones de dólares.[5] Amigos míos, que ministran a las víctimas, dicen que las historias que están escuchando ahora son mucho más atroces que hace diez años.

¿Qué le dice su corazón sobre esto? ¿Qué le dice su alma al escuchar las historias de niños y niñas víctimas de tormento sexual? La semana pasada supe de una mujer cristiana que contó que su madre la había vendido a hombres desde cuando tenía seis años. Ella se escondió debajo de la mesa de la cocina, pero su madre la obligó a salir y se fue de la casa mientras la violaban. ¿Qué hacemos con ese mal que llena nuestro mundo todos los días? ¿No clamamos por justicia? ¿No se siente más y más como el pobre Lot, que «día tras día sentía que se le despedazaba el alma por las obras inicuas que veía y oía» (2 Pedro 2.8)? Usted sabe lo que es vivir en una época malvada; es traumatizante para el alma. ¿Hasta cuándo, oh Señor, *hasta cuándo*?

Lea este pasaje:

Después de esto vi a otro ángel que bajaba del cielo. Tenía mucho poder, y la tierra se iluminó con su resplandor. Gritó a gran voz:

«¡Ha caído! ¡Ha caído la gran Babilonia!
Se ha convertido en morada de demonios
y en guarida de todo espíritu maligno,
en nido de toda ave impura y detestable.
Porque todas las naciones han bebido
el excitante vino de su adulterio;
los reyes de la tierra cometieron adulterio con ella,
y los comerciantes de la tierra se enriquecieron
a costa de lo que ella despilfarraba en sus lujos».
(Apocalipsis 18.1–3)

El pecado humano no es suficiente para explicar el despiadado e indescriptible mal de esta era. Hay poderosos y antiguos espíritus oscuros —los mismos ángeles caídos que invadieron el Edén— que ahora están profundamente involucrados atrapando y estimulando a la gente malvada, haciendo guerra a la santidad y al corazón humano. La ramera de Babilonia es la que está detrás del comercio sexual en todas sus oscuras corrupciones; la Escritura dice «todas las naciones han bebido el excitante vino de su adulterio» (Apocalipsis 18.3). Verdaderamente, una loca intoxicación sexual se ha posesionado de la tierra. Y ella (la prostituta de Babilonia) será severamente juzgada por nuestro justo Señor:

«Páguenle con la misma moneda;
    denle el doble de lo que ha cometido,
y en la misma copa en que ella preparó bebida
    mézclenle una doble porción.
En la medida en que ella se entregó a la vanagloria y al
    arrogante lujo
    denle tormento y aflicción;
porque en su corazón se jacta:
    "Estoy sentada como reina;
    no soy viuda ni sufriré jamás".
Por eso, en un solo día le sobrevendrán sus plagas:
    pestilencia, aflicción y hambre.
Será consumida por el fuego,
    porque poderoso es el Señor Dios que la juzga».

Cuando los reyes de la tierra que cometieron adulterio con ella y compartieron su lujo vean el humo del fuego que la consume, llorarán de dolor por ella. Aterrorizados al ver semejante castigo, se mantendrán a distancia y gritarán:

«¡Ay! ¡Ay de ti, la gran ciudad,
    Babilonia, ciudad poderosa,
porque en una sola hora ha llegado tu juicio!»
    (Apocalipsis 18.6–10)

Este pasaje me llena de alivio, anticipación y de algo así como una santa venganza. Piense en cada niña y niño obligados a tener relaciones sexuales con adultos corruptos; piense en todas las mujeres y hombres drogados y mantenidos cautivos como esclavos sexuales; piense en el *desgarramiento* de esos corazones humanos. Ahora piense en el grito que se oirá cuando la Prostituta sea derribada para siempre:

Después de esto oí en el cielo un temendo bullicio, como
el de una inmensa multitud que exclamaba:

«¡Aleluya!
La salvación, la gloria y el poder son de nuestro Dios,
	pues sus juicios son verdaderos y justos:
ha condenado a la famosa prostituta
	que con sus adulterios corrompía la tierra;
ha vindicado la sangre de los siervos de Dios derramada
	por ella».

Y volvieron a exclamar:

«¡Aleluya!
El humo de ella sube por los siglos de los siglos».

Entonces los veinticuatro ancianos y los cuatro seres vivientes se postraron y adoraron a Dios, que estaba sentado en el trono, y dijeron:

«¡Amén, Aleluya!»

Y del trono salió una voz que decía:

«¡Alaben ustedes a nuestro Dios,

todos sus siervos, grandes y pequeños,

que con reverente temor le sirven!»

Después oí voces como el rumor de una inmensa multitud, como el estruendo de una catarata y como el retumbar de potentes truenos, que exclamaban:

«¡Aleluya!

Ya ha comenzado a reinar el Señor,

nuestro Dios Todopoderoso.

¡Alegrémonos y regocijémonos

y démosle gloria!

Ya ha llegado el día de las bodas del Cordero.

Su novia se ha preparado,

y se le ha concedido vestirse

de lino fino, limpio y resplandeciente».

(Apocalipsis 19.1–8)

¿No será maravilloso oír ese rugido de aguas corrientes, el grito triunfante como trueno de los ejércitos del reino? Usted oirá ese grito, amigo mío, y no solo lo oirá, sino que se unirá a ellos gritando con toda la fuerza de sus pulmones.

Y he nombrado solo un mal. Piense en toda la justicia que será necesario aplicar. Usted tiene un corazón para la redención. Su corazón del reino anhela la restauración y la reconciliación, la justicia, la recuperación de todo lo que se ha perdido. ¿Cuál es la redención que su corazón anhela a nivel global?

¿Qué pasiones despiertan en su corazón? ¿Es solo para su grupo de personas? ¿Para una comunidad? ¿Para una nación? ¿Para las artes o las ciencias? Usted tiene pasiones muy particulares respecto de la justicia y la redención, y esas pasiones se harán realidad. Su corazón necesita saber esto: ocurrirán.

Los hijos de Israel fueron seducidos por muchos poderes malvados. De alguna manera —¿cómo era posible?—, Moloc, aquel espíritu antiguo, les obligaba a sacrificar a sus propios hijos:

«También construían altares a Baal en el valle de Ben Hinón, para pasar por el fuego a sus hijos e hijas en sacrificio a Moloc, cosa detestable que yo no les había ordenado, y que ni siquiera se me había ocurrido. De este modo hacían pecar a Judá». (Jeremías 32.35)

Esto, también, se ha convertido en una industria global. Apenas puedo pensar en toda una industria dedicada a matar a los niños en el santo santuario del vientre de sus madres. Sin duda, todavía se manifiesta el poder de Moloc. Y Moloc *será* juzgado, al igual que la prostituta. Este atroz crimen *terminará*.

¿Y cuál es la redención que su corazón sufre a nivel personal, para su familia, para sus amigos? ¿Qué gritos llenan sus oraciones en la noche? Oh, ver el día cuando el alcohol ya no tenga a toda una familia en sus puños; cuando el abuso ya no destruya a la familia. Ni pobreza, ni vergüenza, ni enfermedad mental. Usted tiene anhelos especiales para la redención de aquellos a quienes ama. Y, mi querido amigo, esos anhelos le fueron dados por el Dios que los comparte, y ellos también *se cumplirán.*

¿Se le puede quitar el botín a los guerreros?
¿Puede el cautivo ser rescatado del tirano?

Pero así dice el Señor:

«Sí, al guerrero se le arrebatará el cautivo,
y del tirano se rescatará el botín;
contenderé con los que contiendan contigo,
y yo mismo salvaré a tus hijos.
Haré que tus opresores se coman su propia carne
y se embriaguen con su propia sangre,
como si fuera vino.
Toda la humanidad sabrá entonces
que yo, el Señor, soy tu Salvador;
que yo, el Poderoso de Jacob, soy tu Redentor».
(Isaías 49.24–26)

La promesa de justicia cumplida es una de las grandes esperanzas del reino venidero.

El día de la justicia viene

Predicamos un evangelio de misericordia. Pero es una misericordia comprada a un precio muy alto. Somos salvos del juicio de Dios, no porque Dios haya decidido echar la justicia por el desagüe, sino porque la derramó sobre su propio Hijo, en la cruz. Esa misericordia está activa para toda la humanidad, mientras vivamos en *esta* era. Pero cuando llegue el Día del Señor, el día de la justicia habrá llegado. Y habrá llegado también el tiempo para la rendición de cuentas. Y tiene que ser así.

Pocos de nosotros posiblemente nos hemos leído las 618 páginas de *El conde de Montecristo*, de Alejandro Dumas, pero quizás muchos han visto la película. La historia se centra en la traición y la injusticia sufrida por un hombre inocente, Edmundo Dantès. Falsamente acusado de traición por un oficial francés traicionero, huye y se refugia en la casa de su mejor amigo, Fernando Mondego; este, por envidia y celos, traiciona a su amigo y lo entrega a la policía. Dantès es condenado y enviado a la prisión de la isla de Château d'If, donde es torturado durante catorce años. Gracias a la ayuda de un sacerdote, Edmundo se escapa, y gracias a ese sacerdote recupera el fabuloso tesoro que le permite convertirse en el conde de Montecristo.

Al final de la historia, en el clímax de la película, Dantès se enfrenta a Mondego mientras el amor de toda la vida de Edmundo y su hijo observan. Edmundo tiene todas las razones para vengarse de Mondego quitándole la vida, pero en lugar de eso, le ofrece la oportunidad de arrepentirse. Mondego se niega. Edmundo le da la oportunidad de huir. Pero cuando Mondego no se arrepiente de hacer el mal, y intenta quitarle la vida a Edmundo, Edmundo lo mata en un duelo de espadas, y con razón. Hay un tiempo para que se haga justicia. Incluso la misericordia tiene sus límites.

Aquí es donde el hinduismo, el budismo y otras religiones que niegan o ignoran la existencia real y personal del mal se equivocan. (Algunas ramas del cristianismo han hecho lo mismo). Sin nombrar el mal por lo que exactamente es, y sin un día de rendición de cuentas, no puede haber justicia.

Imagínense, amigos, un mundo sin mal. Todos los demonios habrán sido barridos. En el capítulo 9 diré más acerca de quiénes compartirán la Gran Restauración, pero, por ahora, simplemente imagínense un mundo sin gente malvada, donde todos amen a Dios y todos rebosen de amor santo. Mirarán a su derecha, mirarán a su izquierda, y solo verán personas en las que pueden confiar plenamente. El tormento de Lot ya no será nuestro tormento; todas las cosas estarán impregnadas de santidad. ¡No es de extrañar que el gozo sea el estado de ánimo constante del reino! Por no mencionar el alivio masivo, y la reivindicación.

Nuestra era pide justicia, especialmente las generaciones más jóvenes. Yo creo en esos movimientos que piden justicia. Y los apoyo. Pero me temo que, con todo y eso, nos estamos aproximando a un gran periodo de angustia a menos que entendamos el tiempo de las cosas. Mientras el diablo no sea atado y arrojado al lago de fuego, nuestros esfuerzos por justicia serán solo parcialmente exitosos. «Siempre tendréis pobres con vosotros» (Mateo 26.11, RVR1960). Un estimado amigo me envió un correo electrónico. Él y su esposa dirigen en Guatemala un orfanato para niñas maltratadas y traficadas.

Sufre porque cada semana tiene que rechazar niñas que quieren ingresar al orfanato. Simplemente no tienen espacio para todas. Esto es una terrible realidad: *tenemos* que seguir haciendo nuestros mejores esfuerzos, pero no se logrará justicia en la tierra hasta el regreso de nuestro Señor.

Apenas puedo soportarlo; ¿seguimos?

Solo con el ancla del alma; solo con la segura y firme esperanza de que este Día viene. La justicia *viene*. Aquellos que están a la vanguardia de los movimientos de justicia deben tener la *palingenesia* ante ellos todos los días.

NUESTRO ANHELO SE CUMPLIRÁ

Hasta este momento me he saltado una parte importante del pasaje donde Jesús anuncia la *palingenesia*, la Gran Restauración. Ahora es un buen momento para echar mano de él:

> «Les aseguro —respondió Jesús— que en la renovación de todas las cosas, cuando el Hijo del hombre se siente en su trono glorioso, ustedes que me han seguido se sentarán también en doce tronos para gobernar». (Mateo 19.28)

«Ustedes que me han seguido también gobernarán». Nosotros gobernando con Jesús. En el próximo capítulo estaremos refiriéndonos ampliamente a esto, porque tiene que ver con nuestros roles en la nueva creación. Pero ahora estamos hablando de la administración de justicia, cuando el diablo y todos los que le sirven serán sentenciados. Yo creo que tenemos un papel que desempeñar en eso. Estaremos allí cuando nuestro Señor juzgue al mal que ha oprimido a nuestras familias. Seremos llamados como testigos de la parte acusadora. Presidiremos con él cuando se aplique la justicia sobre el diablo que ha estado detrás de esas causas que nos son tan cercanas: la pobreza, el abuso, el racismo, el tráfico humano y la destrucción de la misma tierra.

También se nos concederá la justicia íntima y personal.

En el transcurso de su vida, usted ha sido víctima de injusticias muy específicas. Dios es plenamente consciente de cada una de ellas. Jesús su Rey se ocupará de que sean atendidas con reparaciones también muy específicas. ¡Ni pensar que Dios les va a restar importancia! «Si alguien hace pecar a uno de estos pequeños que creen en mí, más le valdría que le colgaran al cuello una gran piedra de molino y lo hundieran en lo profundo del mar» (Mateo 18.6). Él está furioso por lo que usted ha soportado, y no dude que *arreglará* todo eso.

Sé que en mi vida me han robado mucho. Tantas bendiciones, tantos regalos, tanto de mis relaciones, oportunidades, restauración personal que fue minimizada o frustrada. A ustedes también, amigos queridos, les han robado mucho. Y todo eso será reembolsado... cien veces más. Esta recompensa, esta restitución deberá ser parte de contar cada historia correctamente; si no fuese así, la justicia no se cumpliría. ¡Pero se *cumplirá*!:

Verás esto y te pondrás radiante de alegría;
vibrará tu corazón y se henchirá de gozo;

porque te traerán los tesoros del mar,
y te llegarán las riquezas de las naciones. (Isaías 60.5)

Imagínese. Después de que sus enemigos hayan sido juzgados y desterrados, se traerán grandes cofres con tesoros y los pondrán ante usted. Enormes cofres de roble. Se requerirá el trabajo de dos hombres o ángeles para traerlos. Y habrá varios. Jesús le dirá que los abra. Usted preguntará: «¿Qué son estos, Señor?». Y él le dirá: «*Estos son los regalos que tenía para ti en tu vida anterior pero que se los robaron o impidieron que llegaran a ti. Te los doy ahora, con intereses*». Imagine todo lo que habrá adentro de los cofres. Escucha risa que sale de uno, porque mucho de lo que se había perdido son recuerdos y alegría. Estoy llorando mientras escribo esto.

Entonces, usted se vuelve a la derecha y pregunta: «¿Y qué son estos arcones, Señor?». «*Son las recompensas por las decisiones que hiciste en tu vida, tus victorias, tu perseverancia y tu servicio. Además de tus herencias, por supuesto*», dice con una sonrisa.

Esos cofres llenos de tesoros son suyos, amigo mío. Su contenido emocionará su corazón y redimirá lo mucho que ha tenido que soportar aquí. La justicia será suya, justicia personal y particular. Se vengarán las injusticias; se sanarán las heridas, y todo lo que le robaron en esta vida le será recompensado mucho más allá de sus más ilusionadas esperanzas. Abrirá esos cofres, mirará sus contenidos, y su rostro resplandecerá; su corazón palpitará y su alegría rebosará.

Anoche soñé con la ciudad de Dios. Esta ha sido la visión más sorprendente de todas, porque, lo confieso: no me gustan las ciudades. Nunca me he sentido particularmente conmovida al leer pasajes sobre «la ciudad de Dios» o «la nueva Jerusalén».

Pero esta ciudad era diferente a cualquiera otra que haya visto. Nada de aglomeraciones, nada de ruido de fábricas, nada de esmog. Nada de ninguna de las industrias inhumanas.

Lo que veía era más como una «ciudad» mediterránea: edificios blancos, calzadas sinuosas, escaleras que conducían a puertas abiertas. Todo tenía una elegancia de fantasía. Todas las ventanas y las puertas eran arqueadas. Había muchos techos abovedados. Arquitectura como poesía, calmante para el alma. El lugar estaba lleno de una suave luz. Me recordó las fotos que he visto de la hermosa isla griega de Santorini o la Ciudad Vieja de Jerusalén.

Fue algo tan encantador como nunca he experimentado en la tierra. Cada sendero serpenteante hacía muchas vueltas, subiendo y bajando escaleras, apareciendo repentinamente sobre fuentes y patios, con cualquier número de posibles puertas y pasarelas de salida. Era el tipo de lugar que usted querría explorar durante mucho tiempo.

Pero lo que más me impresionó fue la risa que escuché proviniendo de esas luminosas habitaciones. Risas amables y juguetonas, gentiles y auténticas; risas como si fueran el idioma propio del lugar.

CAPÍTULO 8

¿Qué *hacemos* realmente?

Cada cosa mortal hace una cosa y la misma...
Exclamando: Lo que hago soy yo; por eso vine.

GERARD MANLEY HOPKINS, «AS KINGFISHERS CATCH FIRE»

El diablo se ha ido. El mundo está restaurado. *Nosotros* estamos restaurados. Se ha hecho justicia, y estamos muy bien recompensados. La única cosa natural que hacer, la única cosa apropiada que hacer en ese momento, es descorchar una botella, abrir un barril, despejar la sala y lanzarnos en una fiesta desenfrenada. Por supuesto, a la fiesta no va a faltar ninguno. Todos estaremos allí. ¡No tengo ninguna duda que la celebración continuará por semanas o incluso hasta por meses! Hay bastantes historias que contar, y muchas reuniones que celebrar.

¿Y qué haremos *después* de la fiesta de bodas del Cordero?

Honestamente, creo que esto es lo que a la mayoría de la gente no se le ha ocurrido pensar.

Cuando hablamos de la alegría del reino venidero, nos quedamos en la fiesta y de ahí no pasamos. Nuestra imaginación parece agotarse en ese punto, cayendo de los bordes de la mesa del banquete como los marineros antiguos temían que el mundo se les terminara y cayeran por el borde a un precipicio interminable. En cuanto a mí, por supuesto que estoy esperando la gala, pero en algún momento la fiesta tendrá que terminar, y así como cada pareja recién casada se aleja de su recepción, nosotros tendremos el resto de nuestras vidas interminables ante nosotros. ¿Qué *haremos*, entonces?

Este quizás sea el único aspecto de nuestro futuro envuelto en vapores religiosos, empañado por una niebla espesa de vaguedad, vacuidad y espuma celestial. ¿Qué *haremos*? Cuando mi querido amigo Brent murió, algunas personas pidieron que se cantara una canción en especial en el servicio fúnebre. Debido a su estilo *country* y a la letra que era todo un mensaje, les parecía que se ajustaba perfectamente a la circunstancia. El estribillo habla de un hombre cuya tarea en la tierra está terminada y, por lo tanto, descansa en paz en lo alto de la ladera de una montaña. La verdad es que me gusta el trabajo de Vince Gil, pero detestaba esta canción entonces, y la sigo detestando *por* su encantador atractivo religioso y su mensaje que me parece grotesco. Tu vida ha terminado; ahora vete a descansar. Para siempre. ¿Es esto lo mejor que podremos hacer cuando lleguemos a la vida eterna? No es de extrañar que la vida aquí parezca mucho más emocionante. (Y la vida aquí parece mucho más emocionante para la gran mayoría de la gente sobre todo por el hecho que nadie que usted conozca está fantaseando acerca del cielo).

Despertará una mañana y la tierra será nueva.

En esa misma mañana maravillosa usted será nuevo también.

¿Qué aventuras tendremos, entonces, por delante? ¿Cuáles serán las grandes tareas que deberemos acometer?

No estoy seguro de si fueron los movimientos graciosos y fascinantes de la gacela o del impala, o la feroz presencia de los leones, o la majestuosidad del elefante, pero nunca olvidaré la expresión en el rostro de mi nuera Susie. Una expresión tan poco común en este mundo: el rostro resplandeciente como una niña maravillada, los ojos grandes y brillantes, la boca abierta sustentando una sonrisa. Estaba completamente cautivada al ver las luces de color rosa del amanecer revelando la gran variedad de animales y bailarines, mientras que la música misma aumentaba en intensidad como queriendo estar a la altura de la escena.

Estábamos en Londres viendo el musical *El rey león*. Quizás usted haya visto la película. Vale la pena ver de nuevo el número de apertura para ayudarle a su imaginación a que tome la nueva tierra con ambas manos. A medida que el sol se levanta sobre la sabana africana y bandadas de aves alzan el vuelo, el conjunto de criaturas fantásticas de Dios se reúne para honrar a su nuevo príncipe. La escena se ha tomado prestada directamente del Génesis, la mañana de la creación, cuando todos los ángeles cantaban de alegría. Es un momento en el que se *requiere* música, música que haga un mano a mano con la creación (recordará que Aslan cantó a Narnia). La canción de apertura comienza anunciando el momento de nuestro nacimiento y cómo cada uno de nosotros va parpadeando en un mundo deslumbrante lleno de más de lo que posiblemente se pueda ver o hacer en la vida.

Exacto. Precisamente. No podría haberlo dicho mejor. Más para ver que nunca se podría ver, más para hacer que nunca se podría hacer *a menos* que tengamos todo el tiempo en un mundo sin tiempo para verlo y para hacerlo. Bien. No hemos comenzado sino a rasguñar la superficie de los misterios de la tierra, no hemos visto ni experimentado sino apenas una fracción de este mundo, nuestro hogar. ¿Qué alegrías nos esperan, qué aventuras nos llaman? Esto sería una canción mucho mejor para cantar en los funerales; es decir, si también explicamos que nuestros seres queridos no están de ninguna manera muertos, que estarán allí con nosotros cuando el nuevo sol se eleve en la nueva tierra. Todos debemos estar allí para cantarle a la mañana de recreación.

LA EMOCIÓN ACABA DE COMENZAR

El capítulo que *sigue* de nuestra historia es precisamente sobre eso: el capítulo que sigue a todos los anteriores y que encaja perfectamente con ellos. Dios todavía está contando una historia. El próximo capítulo no está desconectado del resto. (Sé que parecerá desconectado, pero no es así; no lo está). Si miramos nuestro futuro a la luz de la historia que Dios *ha estado* contando, se desvanecerá la niebla como cuando alumbra un fuerte sol de verano. Comencemos con Génesis, el primer Edén:

> «Hagamos seres humanos a nuestra imagen, para que sean como nosotros. Ellos reinarán sobre los peces del mar, las aves del cielo, los animales domésticos, todos los animales salvajes de la tierra y los animales animales que corren por el suelo».
>
> Así que Dios creó a los seres humanos a su propia imagen.
> A imagen de Dios los creó;
> hombre y mujer los creó.
>
> Luego Dios los bendijo con las siguientes palabras: «Sean fructíferos y multiplíquense. Llenen la tierra y gobiernen sobre ella. Reinen sobre los peces del mar, las aves del cielo y todos los que corren por el suelo». (Génesis 1.26–28, NTV)

Nuestro Padre poderoso y creador nos hace a su imagen: hijos e hijas poderosos y creativos. Nos da la tierra como un regalo de boda, nos instruye para que reinemos, y dota a cada ser humano con talentos y dones para llevar a cabo esa tarea. El Padre, el Hijo y el Espíritu Santo también incluían en la tierra una potencia latente, poderes y tesoros velados, como la música y la literatura y la ciencia «escondidos» en la creación como huevos de Pascua para que pudiéramos tener la alegría de descubrirlos. «¡Eh, mira esto! Estoy empezando a armar algo, y creo que este algo se llama Música. Hay notas, acordes y metro, y si se toca una cuerda justo a la derecha hará un perfecto Mi! ¿No es esto *increíble*?».

Piense en el potencial que en el primer Edén esperaba para que hombres y mujeres gloriosos lo descubrieran.

Sigue entonces el largo relato de la historia humana, llena de gloria y de tragedia. Los hijos de Dios demuestran ser capaces de llevar a cabo obras maravillosas; pero también de que son capaces de cosas terribles. El mal devasta la tierra y a la raza humana. Las cosas van de mal en peor hasta que interviene nuestro amoroso Padre. Jesucristo viene a derrocar al diablo y nos rescata. Comienza, entonces, la sanidad de nuestras vidas. Y da a cada uno de nosotros un papel en la gran misión de la iglesia.

En el *próximo* capítulo, veremos cómo nuestro poderoso y creador Padre nos *recrea*, a nosotros y a la tierra. Luego nos dirá que hagamos exactamente lo que le dijo a Adán y a Eva que hicieran: que *reinen*. «De ellos hiciste un reino; los hiciste sacerdotes al servicio de nuestro Dios, y reinarán sobre la tierra» (Apocalipsis 5.10). ¿Me está siguiendo? ¿Ve la emocionante conexión que hay? A los hombres y mujeres gloriosos se les da de nuevo un mundo glorioso para hacer las mismas cosas gloriosas que está en nuestra naturaleza hacer. Solo que esta vez con poderes mucho mayores, incluso maravillosos. Tenemos dentro de *nosotros* un potencial latente —talentos y dones no realizados— que pronto serán hechos nuevos. La tierra renovada será aún más sensible a nuestro liderazgo que la primera vez. Así, Dallas Willard nos invita a usar la imaginación que nos fue dada por Dios:

> Deberíamos pensar en nuestro destino como centrado en un esfuerzo de equipo tremendamente creativo, con un liderazgo inimaginablemente espléndido, en un inconcebiblemente amplio plano de actividad, con ciclos cada vez más amplios de productividad y disfrute. Este es el «ningún oído ha escuchado, ni ojo ha visto» que se encuentra ante nosotros en la visión profética (Isaías 64.4).[1]

¿Qué va a hacer usted en el reino venidero?

La respuesta es simple y, a la vez, maravillosa: *usted va a hacer todo para lo cual fue creado.*

TODAS LAS COSAS NUEVAS

Hasta ahora he estado hablando casi exclusivamente de la renovación de la creación, la tierra en todo su esplendor y el reino animal. Lo he hecho así para ayudarnos a comprender que recuperaremos nuestro mundo maravilloso; también para disipar la niebla religiosa que existe con respecto al «cielo». Sin embargo, en el epicentro de la renovación de todas las cosas hay una *ciudad.* Y no cualquier ciudad, sino que es la ciudad de Dios, su propia casa donde él tendrá su morada con la humanidad.

Y vi la ciudad santa, la nueva Jerusalén, que descendía del cielo desde la presencia de Dios, como una novia hermosamente vestida para su esposo.

Oí una fuerte voz que salía del trono y decía: «¡Miren, el hogar de Dios ahora está entre su pueblo! Él vivirá con ellos, y ellos serán su pueblo. Dios mismo estará con ellos...

Entonces uno de los siete ángeles que tenían las siete copas con las últimas siete plagas se me acercó y me dijo: «¡Ven conmigo! Te mostraré a la novia, la esposa del Cordero».

Así que me llevó en el Espíritu a una montaña grande y alta, y me mostró la ciudad santa, Jerusalén, que descendía del cielo, desde la presencia de Dios. Resplandecía de la gloria de Dios y brillaba como una piedra preciosa, como un jaspe tan transparente como el cristal. La muralla de la ciudad era alta y ancha, y tenía doce puertas vigiladas por doce ángeles. Los nombres de las doce tribus de Israel estaban escritos en las puertas. Había tres puertas a cada lado: al oriente, al norte, al sur y al occidente. La muralla de la ciudad estaba fundada sobre doce piedras, las cuales llevaban escritos los nombres de los doce apóstoles del Cordero. El ángel que hablaba conmigo tenía en la mano una vara de oro para medir la ciudad, sus puertas y su muralla. Cuando la midió se dio cuenta de que era cuadrada, que medía lo mismo de ancho que de largo. En realidad, medía 2220 kilómetros de largo, lo mismo de alto y lo mismo de ancho. (Apocalipsis 21.2, 3, 9–16, NTV)

Un lugar enorme, deslumbrante y glorioso, cuya presencia nos permite pensar en la renovación de las artes y las ciencias, la educación y los oficios. La promesa no es que Dios hará «algunas cosas nuevas», sino que hará *nuevas todas las cosas*.

Comencemos por lo obvio. Sabemos que habrá música en el reino. ¡Piense en lo que será la música! Lo íntimo y lo grandioso. Música tocada por un solo violín, música interpretada por una gran orquesta y coro. Tambores. Voces *a capella*. ¡Piense en todos los grandes músicos que habrá allí! Oiremos las obras de los grandes compositores, interpretadas por ellos mismos. Oiremos a los ángeles cantar en su propio idioma. La ciudad estará llena de música; estoy seguro de que estaremos bailando sobre las mesas. Sígame ahora, pero ¿quién *hará* esa música? ¿Quién *hará* los instrumentos en los que se toque esa música?

Ustedes, amigos míos. Ustedes lo harán. Al menos, aquellos que quieran. Me encantaría aprender a tocar el cello. Ha sido uno de mis instrumentos favoritos. También me gustaría tocar algunos tambores *taiko*. No estamos hablando solo de órgano y coro, porque toda la música étnica de todo el mundo morará en ese lugar y los corazones gozosos querrán hacer música día y noche. Me pregunto qué instrumento irá a tocar Jesús; cómo sonará la voz de nuestro Padre; qué tan lejos llegará. (¡Escucharemos a nuestro Padre cantar!). ¡Oh! El solo pensamiento me inunda de felicidad.

Me encantaría aprender otros idiomas. ¿No es maravilloso pensar que toda tribu y lengua estarán allí para enseñarnos?

Hablando de aprendizaje, imagine el alcance de la educación en la ciudad. Jonathan Edwards creía que el aprendizaje será uno de los grandes placeres del reino. Dijo que aunque estaremos resucitados, todavía seremos seres finitos. Dudo mucho que Dios simplemente «volcaría» todo el conocimiento en nosotros al momento en que lleguemos. Creceremos y nos desarrollaremos en el reino aprendiendo, con mentes renovadas y fortalecidas, llenas del Espíritu Santo. Imagínese estudiando filosofía de Tomás de Aquino o cualquiera de los grandes pensadores de todos los tiempos; Pascal tal vez (aunque podría estar ocupado enseñando matemáticas). San Pablo dictará clases sobre la Torá; Galileo dará conferencias sobre las estrellas. ¡Oh, lo grandioso que será eso!

Espero que estudiemos la historia con los mismos personajes que vivieron en esas épocas (Moisés y Elías parecían charlar con Jesús en el Monte de la Transfiguración, que fue una vislumbre anticipada del reino). Lincoln enseñará clases sobre la Guerra Civil, y Churchill volverá a contar la Batalla de Gran Bretaña. No estoy muy seguro de cómo la imaginación y la memoria se habrán de unir para honrar la historia; tal vez lo «veamos» como lo cuentan los que lo vivieron. Tal vez podamos ir más lejos y *entrar en los tiempos históricos*, porque todos los tiempos serán accesibles a nuestro Dios majestuoso y él guarda todas las épocas dentro de sí mismo. No tengo duda de que esas historias y sus diversos episodios serán accesibles a nosotros de alguna manera, y vívidamente.

¡Piense en las ciencias en el reino! La investigación y el descubrimiento son esenciales si vamos a reinar sobre la creación y, por cierto, la implicación de «cielos» renovados incluye el universo. Mencioné antes que podremos explorar el mundo microscópico, que es un universo tan vasto como el que está sobre nosotros. Todo lo que aún queda por conocer; todo lo que este precioso conocimiento nos permita desarrollar como amigos, lo compartiremos y construiremos sobre las revelaciones que se nos han dado sobre el orden creado. El motor de combustión parecerá una cosa crasa y primitiva para las grandes mentes del reino. ¿Qué nuevas glorias están esperando que las descubramos? Maravillas que conducen a maravillas que conducen a avances creativos solo imaginados en la ciencia ficción de este lado.

¿Y qué de los oficios? Sabemos que tendremos casas y moradas en el reino, pero ¿quién amueblará esas casas? ¿Quién hará las sillas, las mesas, los tapices? Siempre he querido trabajar con mis manos. Me encantaría tener el tiempo y la habilidad y mentores que me enseñen a construir barcos con herramientas de mano y navegarlos solo guiado por las estrellas. Una vez más, no estoy fantaseando. Estoy pensando y escribiendo totalmente en serio. Usted será sanado y restaurado como ser humano, con todas las facultades de personalidad que Dios le ha dado. Así que la pregunta es, ¿qué ha soñado siempre hacer? ¿Qué dones ha anhelado tener y usar? ¿En qué ha querido siempre sobresalir? Estas cosas son parte de su personalidad. Usted será como Dios lo creó, y será aún más glorioso como persona *re*creada. Sueñe, amigo mío. ¡Sueñe!

¿Le ha pasado que al observar a alguien hacer algo muy bueno algo en usted ha brincado y le ha surgido el anhelo de hacer también algo excelente? Esa es otra forma de acceder a los sueños y capacidades ocultas en su propia alma. Quizás se ha fijado en una persona sobresaliendo en el campo de la arquitectura, de la enseñanza, de la equitación, de la física, en la cocina, o en la ingeniería. Bueno, ahí tiene, ese anhelo es parte de su personalidad y se liberará plenamente en el reino.

Cuando yo era un adolescente, me llevaron en más de una ocasión al festival Shakespeare de Oregon. Recuerdo vívidamente cómo me maravillaba (¡maravilla de nuevo!) al observar el escenario, los decorados y los trajes; la impresionante iluminación bajo las estrellas; la destreza de los actores y la habilidad de los directores. El arte de toda la producción me hacía doler el corazón. Entonces quería ser un actor shakespeariano, y aunque, siendo un muchacho, ese sueño fue muy efímero, tuve que olvidarme de él, como muchos de nosotros hemos tenido que deponer más de un sueño en esta vida. ¡Imagínese *teatro* en el reino! La alegría de verlo solo será superada por la alegría de los que estén actuando.

Contar historias será uno de los grandes placeres en el reino. Dios claramente toma esto muy en serio, como que hizo la realidad en la forma de una historia. ¿Le gustaría escribir? ¿Ilustrar? ¿Actuar? ¿Producir? ¡Tal vez lleguemos a tomar clases de los grandes artistas! Estas cosas no se borrarán cuando entremos en la vida venidera. Dios renueva *todas* las cosas. Willard nos lo asegura cuando dice:

No nos sentaremos mirándonos las caras ni a Dios por la eternidad, sino que nos uniremos al Logos eterno para «reinar con él», en una obra creativa de Dios que no tendrá fin. Es por esto que cada uno de nosotros fue concebido individualmente, como reyes y sacerdotes (Éxodo 19.6; Apocalipsis 5.10)... En el orden creativo de Dios desde antes de los inicios de la existencia cósmica, se ha reservado un lugar para cada uno de nosotros. El plan de Dios es que nosotros, como aprendices de Jesús, lo desarrollemos hasta el punto donde podamos tomar nuestro lugar en la creatividad en desarrollo del universo.[2]

Así como Adán y Eva fueron comisionados, nosotros lo seremos también, solo que esta vez en un nivel superior, con mayores poderes, creativamente involucrados en cosas muy reales y tangibles. Sabemos que comeremos en la ciudad. Seguramente la alegría de comer no terminará con la fiesta. ¿Quién cultiva los productos para hacer la comida? ¿Quién los trae al mercado? ¿Qué cocineros la preparan? Será diferente a como cuando Dios simplemente dijo la palabra y las cosas existieron, porque si fuese así, estaríamos por ahí sin hacer nada, aburridos hasta la muerte. Él nos creó para crear. Jesús unió la promesa de la Restauración directamente a cosas familiares como los campos y la tierra, confirmando las visiones proféticas del Antiguo Testamento:

> «Presten atención, que estoy por crear
> un cielo nuevo y una tierra nueva.
> No volverán a mencionarse las cosas pasadas,
> Ni se traerán a la memoria.

Alégrense más bien, y regocíjense por siempre,
Por lo que estoy a punto de cear:
Estoy por crear una Jerusalén feliz,
Un pueblo lleno de alegría.
Me regocijaré por Jerusalén
Y me alegraré en mi pueblo;
No volverán a oírse en ella
Voces de llanto ni gritos de clamor...
Construirán casas y las habitarán;
Plantarán viñas y comerán de su fruto.
(Isaías 65.17–19, 21)

¡Cómo me gustaría tener mi propio viñedo y atenderlo con mis propias manos! Y trabajar en la elaboración del vino (y en algunas cosas aún más fuertes).

VIDA EN LA CIUDAD, VIDA EN EL CAMPO

Luego el ángel me mostró un río con el agua de la vida, era transparente como el cristal y fluía del trono de Dios y del Cordero. Fluía por el centro de la calle principal. A cada lado del río crecía el árbol de la vida, el cual produce doce cosechas de fruto, y una cosecha nueva cada mes. Las hojas se usaban como medicina para sanar a las naciones. (Apocalipsis 22.1, 2, NTV)

Este es un río real, que corre a través de una ciudad real. Sus aguas son cristalinas y fluyen con vida; vida líquida que fluye como un río. En las orillas de ese río crecen árboles reales; sus raíces bajan a beber esas aguas de la vida (que es probablemente la razón por la que son árboles de vida). Me *encantan* los ríos; están entre los primeros de mi lista de «cosas favoritas». También me encantan los árboles. Me hace muy feliz saber que en la ciudad habrá ríos y árboles, y doblemente feliz de que encontraremos nuestra sanidad en ellos, de ellos. ¡Imagínese los grandes parques de la ciudad!

Me pregunto de qué colores irán a ser los frutos del árbol de la vida; ¿serán diferentes para cada uno de los doce meses? ¿Qué sabor irá a tener esa fruta digna de una reina? ¿Será algo completamente nuevo? ¿O sabrá como sus sabores favoritos de cuando era niño: el pastel de zarzamora que hacía su madre, chocolate, helado de chocolate o de vainilla? Porque la promesa estará llegando a través de ellos a su corazón de niño. Serán deliciosos, no tengo ninguna duda.

¿Y cuán grandes serán esos árboles? Como sanarán a las naciones, deberán ser magníficos: altos como secuoyas, frondosos como banianos.

¿Y cómo se ha imaginado el río? ¿Suave y delicado? ¿Más bien pequeño, más como un canal? El Támesis tiene casi doscientos setenta y cinco metros de ancho mientras fluye a través de Londres. Es navegable. El Nilo tiene casi una *milla* de ancho en El Cairo. Por alguna razón nuestra imaginación representa el Río de la Vida más como un riachuelo que como un río. ¿Beberemos directamente del río, sacando agua delicadamente con un vaso? ¿O tendremos que meternos al agua? ¿Nadar en él? ¡Vamos! ¡Usted estará de pie en la orilla de un río que fluye con el agua de la *vida*. Ha tenido sed de esa agua toda su vida. ¿En cuanto a mí? ¡Yo me voy a zambullir!

El río fluye a través de la ciudad, pero también debe fluir hacia el campo. ¿Llegarán los aficionados a la pesca con mosca a pescar en sus aguas que corran por en medio del campo? ¿Acudirán las familias a sus orillas para hacer pícnic los domingos por la tarde? Pronto lo sabremos. Yo creo que los que aman la vida de la ciudad se encontrarán a gusto en la ciudad, y los que aman la vida en el campo se sentirán felices en el campo. Para ambos hay promesas en el reino venidero:

> Haré brotar ríos en las áridas cumbres,
>> y manantiales entre los valles.
> Transformaré el desierto en estanques de agua,
>> y el sequedal en manantiales. (Isaías 41.18)

> Reconstruirán las ruinas antiguas,
>> y restaurarán los escombros de antaño;
> repararán las ciudades en ruinas,
>> y los escombros de muchas generaciones. (Isaías 61.4)

Esto me trae a la memoria uno de mis cuentos favoritos: *The Man who Planted Trees* [El hombre que plantaba árboles] por Jean Giono. La simpática historia describe la vida anónima de un humilde pastor que transforma un campo entero plantando árboles en un páramo. La historia comienza con el narrador —un joven en ese momento— que emprende una caminata a pie a través de las escabrosas colinas de la Francia rural.

Y después de tres días de caminata, me encontré en medio de una desolación sin paralelo. Acampé cerca de los vestigios de un pueblo abandonado. Me había quedado sin agua el día anterior, y tenía que encontrar una fuente. Estas casas agrupadas, aunque en ruinas, como un viejo nido de avispas, me sugirieron que alguna vez había habido por allí un manantial o un pozo. Sí. Había habido un manantial, pero ahora estaba seco. Las cinco o seis casas, sin techo, roídas por el viento y la lluvia, la pequeña capilla con su campanario desmoronado, se erguían como casas y capillas en pueblos vivos, pero toda la vida se había desvanecido.[3]

Yo mismo he visto algunos lugares así, como estoy seguro que usted también. Él pudo haber estado describiendo muchas aldeas en el Medio Oriente tan devastado por las guerras, o en el antiguo bloque soviético, o en las granjas abandonadas en el oeste de mi país. Cada vez que me encuentro con uno de estos lugares abandonados, me inunda la tristeza por la caída del hombre y los estragos del mal. Y me hacen anhelar la Gran Renovación.

Más adelante, el viajero se encuentra con un pastor, que lo invita a pasar la noche en su pequeña casa de piedra. Antes de acostarse, el pastor selecciona cuidadosamente cien bellotas perfectas de una pila que hay sobre la mesa y las pone en un saquito. A la mañana siguiente, antes de salir a su trabajo en el campo, empapa el saquito en agua. El viajero no le pierde pisada al pastor porque quiere ver lo que va a pasar con el saquito con bellotas.

Con su cayado, el pastor hizo un hueco en la tierra y puso en él una bellota; y volvió a tapar el agujero. Estaba plantando robles. Le pregunté si la tierra era de él. Me dijo que no. ¿Sabía a quién pertenecía? No; no sabía.

Durante tres años, el pastor había estado plantando árboles en este páramo. Había plantado cien mil. De los cien mil, habían brotado veinte mil. De los veinte mil pensaba que perdería algo así como la mitad... Le quedarían diez mil robles creciendo donde nada había habido antes.[4]

El narrador es llamado a alistarse y se convierte en un soldado de infantería en la Primera Guerra Mundial. En medio de esa carnicería se olvida por completo del pastor. Después de la desmovilización, lo inunda «un gran deseo de respirar aire fresco», de modo que vuelve a salir a las tierras áridas. Y encuentra de nuevo al pastor, todavía en su trabajo.

Los robles de 1910 tenían entonces diez años y eran más altos que cualquiera de nosotros. Verlos era un espectáculo impresionante. Yo estaba literalmente atónito sin poder pronunciar una palabra y, como él tampoco hablaba, pasamos todo el día caminando en silencio por su bosque. En tres secciones, medía once kilómetros de largo y tres kilómetros de ancho en la parte de mayor anchura. Cuando te acordaste que todo esto surgió de las manos y del alma de este hombre, sin recursos técnicos, entendiste que el hombre podía ser tan efectivo como Dios en otras cosas que no sea la destrucción.[5]

El tiempo pasa; el pastor continúa en su trabajo, agregando hayas y abedules a sus esfuerzos de reforestación. En 1945, el narrador va a visitar a este santo varón por última vez. Casi no reconoce el campo. Se había transformado por completo.

> Todo había cambiado. Incluso el aire. En lugar de los fuertes vientos que solían atacarme, soplaba una suave brisa, cargada de aromas. Un sonido como de agua venía de las montañas: era el viento en el bosque...
>
> En el sitio de las ruinas que había visto en 1913 ahora encontré granjas aseadas, bien mantenidas, y hablando de una vida feliz y cómoda. Los una vez arroyos secos, alimentados ahora por las lluvias y la nieve que el bosque conserva, fluían de nuevo. Las aguas habían sido convenientemente canalizadas. En cada granja, en arboledas de arces, los estanques se desbordaban sobre el verde césped de menta fresca. Poco a poco se habían ido reconstruyendo las aldeas. Contando a la población anterior más de diez mil personas debían su felicidad [al humilde pastor].[6]

No sé si Jean Giono creó intencionalmente una parábola de las profecías de restauración de Isaías, pero «las antiguas ruinas» se han reconstruido y «los lugares por mucho tiempo devastados» se han restaurado. Los ríos «fluyen sobre alturas estériles, y brotan dentro de los valles». El desierto se ha convertido en fuentes de agua, «y la tierra seca en manantiales». Me encanta esta pequeña historia por esa razón, por el modelo de perseverancia y por la ilustración de una vida dedicada a hacer del mundo un lugar más hermoso. La parábola de redención de Giono termina con esta línea:

> Cuando reflexiono que un hombre, armado solo con sus propios recursos físicos y morales, fue capaz de hacer que esta tierra de Canaán brotara de la tierra baldía [...] siento un inmenso respeto por ese campesino viejo e ignorante que fue capaz de completar una obra digna de Dios.[7]

Hemos sido creados para realizar una obra digna de Dios y es uno de nuestros anhelos más ansiados. La haremos en el reino; no solo una vez, sino muchas, muchas veces. ¿Estaremos ocupados en la restauración en sí misma? No lo sé con certeza. «Reconstruirán las ruinas antiguas y restaurarán los lugares por mucho tiempo devastados» nos da una vislumbre de lo que está por venir. Y sabemos que nuestro Dios es un Dios de *procesos*: si no, fíjese cuánto tiempo está tomando la santificación en usted.

Quizás usted piense que estoy simplemente soñando despierto sobre lo que realmente haremos en el reino. Pero, mi querido amigo, Dios nos creó para ser creadores como él es. Se nos ha prometido que reinaremos; se nos darán haciendas y se nos ha dicho que en el reino venidero desempeñaremos funciones de importancia.

> Después de mucho tiempo volvió el Señor de aquellos siervos y arregló cuentas con ellos. El que había recibido las cinco mil monedas llegó con las otras cinco mil. [...] Su

Señor le respondió: «¡Hiciste bien, siervo bueno y fiel! [...] te pondré a cargo de mucho más». (Mateo 25.19–21)

La manera perfecta de poner las palabras del amo a su siervo es: «Serás mi socio». La idea detrás de la parábola es la *promoción*. ¡Los siervos son promovidos en las mismas cosas para las que son buenos! Dios pone a sus hijos e hijas renovados —creadores como él— en un mundo recreado y nos dice que hagamos exactamente lo que les dijo a Adán y Eva que hicieran. Por lo tanto, N. T. Wright dice:

> En Apocalipsis y en las cartas de Pablo se nos dice que el pueblo de Dios estará realmente dirigiendo el nuevo mundo en nombre de Dios. La idea de nuestra participación en la nueva creación nos retrolleva al Génesis, cuando los humanos estarían dirigiendo el Jardín y cuidando de los animales. Si se lleva esa imagen hasta el final, es lo que encontramos al final de Apocalipsis.[8]

ENTRANDO A GRANDES ZANCADAS

Todavía no hemos visto a nadie en su verdadera gloria, incluyéndolo a usted.

Sí. Mozart empezó a escribir sinfonías cuando era un niño, y Picasso pintaba antes de que pudiera hablar. Pero la mayoría de los seres humanos se sienten profundamente frustrados en cuanto a su «llamamiento» aquí, ya sea debido a heridas, a asaltos, a envidias, o a circunstancias que nunca les permitieron alzar el vuelo. Para la mayoría de los seres humanos en este planeta, el trabajo va desde decepcionante hasta opresivo. ¿Qué ofrece el reino a aquellos hombres que trabajan en las minas de azufre de Indonesia o a las decenas de millones de esclavos modernos? Esto no es lo que Dios había proyectado. ¿Cuántos Mozart habrá actualmente, viviendo en total ignorancia en barriadas miserables y chozas insalubres en todo el mundo?

Toda su creatividad y talentos serán restaurados y algunos más cuando *usted* sea restaurado. Toda esa potencia latente dentro de usted, tan dañada aquí, estropeada, frustrada, sin haber tenido nunca la oportunidad de crecer, desarrollarse y expresarse, todo será completamente restaurado, incluyendo su personalidad. Desde ese punto, usted estará en condiciones de actuar en el nuevo mundo de maneras mucho mayores que Adán y Eva pudieron haberlo hecho la primera vez (¡y mire lo que la humanidad ha sido capaz de hacer con la orden de «sed fructíferos» [Génesis 1.28] en un mundo deteriorado!). Usted tendrá una intimidad absoluta con Jesucristo, y su vida fluirá a través de sus dones sin obstáculos. ¡Imagínese de lo que seremos capaces de hacer, con tan grandes poderes nuestros en la nueva tierra! Sabemos que vamos a poder caminar sobre el agua, porque Pedro lo hizo en esta tierra al mandato de Jesús. ¿Hasta dónde llegarán nuestras capacidades creativas y artísticas?

Cuando estemos en nuestra casa, en nuestra casa natal,
Cuando el gozo lleve toda carga sagrada,
Y de su vida y paz ningún corazón vagará,
¡Qué no haremos si nos haces capaces de hacer como tú
Iluminar con lunas, vestir con vegetación,
Colgar puestas de sol de oro sobre un mar rosa y
    púrpura![9]

¿Qué hará usted en la vida venidera? Todo aquello para lo cual nació. Todo lo que siempre quiso hacer. Todo lo que el reino *necesita* que usted haga.

Uno de los momentos más impresionantes registrados en toda la historia y la literatura tuvo lugar cuando Jesús de Nazaret estaba muriendo en ese madero romano.

A su derecha y a su izquierda colgaban criminales, sentenciados y ejecutados por crímenes reales, a diferencia del hombre entre ellos. Aquellos delincuentes sabían que su hora había llegado. ¡En ese punto no cabía hacerse ninguna ilusión! ¡Ni la más pequeña esperanza! La amargura ya se había apoderado de uno de ellos, por eso maldijo su única Esperanza. Estaba caminando en los bordes del infierno.

Pero, para el otro, una luz estaba a punto de irrumpir en su oscuridad:

—Jesús, acuérdate de mí cuando vengas en tu reino.
—Te aseguro que hoy estarás conmigo en el paraíso
—le contestó Jesús. (Lucas 23.42, 43)

¿Se habrán hablado palabras más sorprendentes y más tranquilizadoras? La inmensidad encerrada en una amorosa frase. Hoy. Antes de que el sol se ponga. Estoy asombrado de la certeza de Jesús, casi una despedida informal: «¡Nos vemos luego!».

Recuerde: este era un hombre que había sido torturado hasta la muerte. Con todo, hace una promesa tan sólida como una roca. Él sabía lo que decía.

CAPÍTULO 9

El matrimonio del cielo y la tierra

¿Y si esta fuera la última noche del mundo?

JOHN DONNE

Debemos hablar sobre el cielo por un momento, porque la nueva tierra cambia nuestra perspectiva y nuestros pensamientos sobre nuestro futuro. Quiero decir lo más claramente que puedo: nada de lo que he escrito aquí tiene la intención de disminuir la belleza, la esperanza o la veracidad del cielo. El cielo es donde sus seres queridos que murieron en Cristo están ahora. Mi padre está actualmente en el cielo; También lo están Patrick y Craig. Si tú o yo morimos antes de la *palingenesia*, estaremos inmediatamente en ese paraíso, gracias al Dios viviente. Jesús también está en el cielo, junto con nuestro Padre, el Espíritu Santo y los ángeles. Lo que hace que sea un lugar impresionante.

> Ustedes se han acercado al monte Sion, a la Jerusalén celestial, la ciudad del Dios viviente. Se han acercado a millares y millares de ángeles, a una asamblea gozosa, a la iglesia de los primogénitos inscritos en el cielo. Se han acercado a Dios, el juez de todos; a los espíritus de los justos que han llegado a la perfección; a Jesús, el mediador de un nuevo pacto; y a la sangre rociada, que habla con más fuerza que la de Abel. (Hebreos 12.22–24)

El cielo es absolutamente real y su hermosura no se puede expresar con palabras. Es «el descanso» del reino de Dios, el «paraíso» al que se refirió Jesús. La ciudad de Dios está actualmente allí.

Por el momento.

Recuerde: Pedro explicó en su sermón que Jesús permanecería en el cielo *hasta* su regreso, cuando todas las cosas sean hechas nuevas:

> «Es necesario que él permanezca en el cielo hasta que llegue el tiempo de la restauración de todas las cosas, como Dios lo ha anunciado desde hace siglos por medio de sus santos profetas». (Hechos 3.21)

Hasta. ¡Cuánta gravedad y excitación contenida en esa palabra, en esa anticipación paciente! Cuando llegue el momento de que Dios restaure todo, Jesús *saldrá* del cielo y vendrá a la tierra. A quedarse. La Jerusalén celestial vendrá a la tierra, y «la morada de Dios [...] en medio de ellos» (Apocalipsis 21.3, NBD). El cielo no es la morada *eterna* del pueblo de Dios. La nueva tierra lo es, tal como dice Apocalipsis. Así como dice la promesa de la renovación de todas las cosas. O como Jesús lo explicó, y la Biblia lo afirma.

Mejor dicho, tendremos cielo *y* tierra. Ambos reinos del gran reino de Dios se unen en la renovación de todas las cosas. Entonces, diremos verdaderamente: «Es el cielo en la tierra». Porque así será.

En este tiempo, Jesús está en el cielo, pero está esperando ansiosamente ese otro Día. Está preparando sus ejércitos. Está ajustando las correas de su silla de montar. Hay otro suceso en el que tiene puesta toda su atención: «[el] Hijo del Hombre llegar en su reino» (Mateo 16.28).

ESE DÍA GRANDE Y FATÍDICO

Cuando la iglesia está luchando para entender o recuperar algún tesoro de la fe, siempre es una buena idea volver a lo que Jesús mismo tenía que decir sobre el asunto. Después de todo, esta es su historia. Es su enseñanza sobre la *palingenesia* la que nos puso en nuestro maravilloso viaje. ¿Dónde exactamente quiere Jesús que fijemos nuestras futuras esperanzas?

«Será también como un hombre que, al emprender un viaje, llamó a sus siervos y les encargó sus bienes. [...] Después de mucho tiempo volvió el Señor de aquellos siervos y arregló cuentas con ellos». (Mateo 25.14, 19)

Así que les dijo: «Un hombre de la nobleza se fue a un país lejano para ser coronado rey y luego regresar». (Lucas 19.12)

«Por lo tanto, manténganse despiertos, porque no saben qué día vendrá su Señor». (Mateo 24.42)

Manténganse listos, con la ropa bien ajustada y la luz encendida [...] como siervos que esperan a que regrese su Señor de un banquete de bodas. (Lucas 12.35, 36)

Es claro que Jesús quería que interpretáramos la historia desde el punto de vista de su *retorno*.

El cielo es muy precioso. El cielo es el paraíso de Dios. Pero si se fija —y esto lo digo reverente y cuidadosamente— el cielo no es el gran acontecimiento que anticipan los escritores del Nuevo Testamento.

En cambio, nosotros [...] esperamos con mucho anhelo que él regrese. (Filipenses 3.20, NTV)

[...] mientras esperan con ansias que se manifieste nuestro Señor Jesucristo. (1 Corintios 1.7)

[...] esperando y apresurándoos para la venida del día de Dios. (2 Pedro 3.12, RVR1960)

Por eso, dispónganse para actuar con inteligencia; tengan dominio propio; pongan su esperanza completamente en la gracia que se les dará cuando se revele Jesucristo. (1 Pedro 1.13)

La gran esperanza y expectativa de la fe cristiana se centra en un acontecimiento dramático y sorprendente, repentino como un relámpago, agudo como la punta de una espada: el retorno corporal de Jesucristo y, con eso, la renovación de todas las cosas. Los dos acontecimientos están unidos, tan unidos como Dios el Padre y Dios el Hijo lo están. La renovación de todas las cosas espera la venida de nuestro Señor, y la venida de nuestro Señor abre la puerta a la renovación de todas las cosas.

Yo sé que incluso la sola mención del regreso repentino de Cristo hace que todos se pongan nerviosos. Ha habido tantas «venidas», y tantas decepciones vergonzosas (puedo recordar al menos tres a lo largo de mi vida), que queremos poner esta parte de nuestra fe a un lado y centrarnos en otras cosas más atractivas para nuestro tiempo. Preferiríamos hablar de cosas más populares como la justicia, la dignidad de las mujeres y la misericordia de Dios. Pero para la iglesia histórica, el retorno de Cristo era tan central a la fe cristiana que los creyentes de la iglesia primitiva sentían que no podían apartarlo o enterrarlo como una doctrina periférica sin perder el corazón del cristianismo mismo. C. S. Lewis escribió,

> Hay muchas razones por las que el cristiano moderno e incluso el teólogo moderno pueden dudar en dar a la doctrina de la Segunda Venida de Cristo ese énfasis que usualmente le daban nuestros antepasados. Sin embargo, me parece imposible conservar en cualquier forma reconocible nuestra creencia en la Divinidad de Cristo y la verdad de la revelación cristiana si abandonamos o incluso descuidamos persistentemente el Retorno prometido y amenazado. «El vendrá otra vez para juzgar a los vivos y a los muertos», dice el Credo de los Apóstoles. «Este mismo Jesús», dijeron los ángeles en Hechos, «vendrá de la misma manera que lo habéis visto ir al cielo». «De aquí en adelante», dijo el Señor mismo (por esas palabras haciendo atractiva la crucifixión), «verán al Hijo del Hombre... viniendo en las nubes del cielo». Si esto no es parte integral de la fe una vez dada a los santos, no sé qué es.[1]

Integral. Significativo, crítico, inextricable. Amigos: el momento que hemos estado esperando, el evento en el que hemos apostado nuestras vidas es el retorno de Cristo y la renovación de todas las cosas. Ahora que entendemos algo de las glorias de la *palingenesia*, se hace aún mayor el latido de nuestro anhelo, nuestra «primera» y más grande esperanza.

¿Pero cuándo?

Sí, sí. Sé del gran daño que han hecho los que ignoran las palabras de Cristo en el sentido que no podemos predecir su venida e insisten en ello. Se han hecho anuncios, y el mundo se ha burlado de nosotros cuando el Día predicho pasó sin que ocurriera ni siquiera un temblor. Pero no por ese hecho que no ocurrió vamos a dejar de pensar en ello. A través de sus páginas, la Escritura nos llama a esperar el regreso de Cristo, a estar preparados y a esperarlo anhelosamente. Y sí. Es cierto que han pasado dos mil años y podría ser bastante más. Pero *también* podría ser esta noche. Nuestro Señor y Dios habló con severas advertencias sobre la actitud que deberíamos tener respecto de su regreso:

«¿Quién es el siervo fiel y prudente a quien su Señor ha dejado encargado de los sirvientes para darles la comida a su debido tiempo? Dichoso el siervo cuando su Señor, al regresar, lo encuentra cumpliendo con su deber. Les aseguro que lo pondrá a cargo de todos sus bienes. Pero ¿qué tal si ese siervo malo se pone a pensar: "Mi Señor se está demorando", y luego comienza a golpear a sus compañeros, y a comer y beber con los borrachos? El día en que el siervo menos lo espere y a la hora menos pensada, el Señor volverá. Lo castigará severamente y le impondrá la condena que reciben los hipócritas. Y habrá llanto y rechinar de dientes». (Mateo 24.45–51)

Primero, ¿notó de nuevo la recompensa? ¡El amo pone al fiel servidor a cargo de *todas sus posesiones*! No destruye la granja y se lleva a su criado a otro lugar, sino que le da toda la hacienda, los cielos y la tierra. ¿Pero notó, al mismo tiempo, la actitud prohibida: «mi señor se está demorando mucho»?

Deténgase un momento y piense: a la actitud descrita con las palabras «mi señor se está demorando» se la llama la «actitud perversa». Es la actitud *prohibida*. Y más de alguno entre nosotros la ha asumido.

Manténganse listos, con la ropa bien ajustada y la luz encendida. Pórtense como siervos que esperan a que regrese su señor de un banquete de bodas, para abrirle la puerta tan pronto como él llegue y toque. Dichosos los siervos a quienes su señor encuentre pendientes de su llegada. Créanme que se ajustará la ropa, hará que los siervos se sienten a la mesa, y él mismo se pondrá a servirles. Sí, dichosos aquellos siervos a quienes su señor encuentre preparados, aunque llegue a la medianoche o de madrugada. Pero entiendan esto: Si un dueño de casa supiera a qué hora va a llegar el ladrón, estaría pendiente para no dejarlo forzar la entrada. Así mismo deben ustedes estar preparados, porque el Hijo del hombre vendrá cuando menos lo esperen». (Lucas 12.35-40)

Se nos insta a velar y estar listos. Se nos urge a vigilar con la advertencia de que regresará exactamente a la hora en que todo el mundo piensa que aún está lejos. Puede ser ahora mismo, o en un momento cercano a la hora presente.

Para fortalecer aún más nuestros corazones contra la actitud prohibida, se nos advierte específicamente acerca de los burladores que tratan de minimizar esta esperanza:

> Ante todo, deben saber que en los últimos días vendrá gente burlona que, siguiendo sus malos deseos, se mofará: «¿Qué hubo de esa promesa de su venida? Nuestros padres murieron, y nada ha cambiado desde el principio de la creación». (2 Pedro 3.3, 4)

¿Cuándo se supone que vendrá? La pregunta en realidad esconde su cuota de ingenio, como la siguiente: «*Cada* época ha pensado que Jesús estaba a punto de aparecer; incluso Pablo lo predijo y se equivocó. ¡Quién sabe cuándo podría ocurrir! Podría tomar fácilmente otros miles de años». Suena razonable, ¿verdad? Excepto por el hecho de que esta pregunta encierra la actitud prohibida. Sí, los creyentes de todas las edades han pensado que Cristo regresaría en cualquier momento, y así debían de hacerlo. Y tenían razón porque «en cualquier momento» podría ser ¡ya! Además, tenían razón al esperar su regreso porque fue una orden dada por el propio Señor Jesucristo. Con su expectativa viviente demostraron ser sabios porque esperar que Cristo regrese «en cualquier momento» es un *antídoto* eficaz contra tanta cosa dañina. Cuando el «siervo insensato» asume la postura de que su señor estaba todavía lejos, está volviendo su corazón hacia las indulgencias de este mundo, tratando de apagar su sed de reino con cualesquiera cosas que estén a su alcance.

«El reino de los cielos será entonces como diez jóvenes solteras que tomaron sus lámparas y salieron a recibir al novio. Cinco de ellas eran insensatas y cinco prudentes. Las insensatas llevaron sus lámparas, pero no se abastecieron de aceite. En cambio, las prudentes llevaron vasijas de aceite junto con sus lámparas. Y, como el novio tardaba en llegar, a todas les dio sueño y se durmieron. A medianoche se oyó un grito: "¡Ahí viene el novio! ¡Salgan a recibirlo!" Entonces todas las jóvenes se despertaron y se pusieron a preparar sus lámparas. Las insensatas dijeron a las prudentes: "Dennos un poco de su aceite porque nuestras lámparas se están apagando". "No —respondieron estas—, porque así no va a alcanzar ni para nosotras ni para ustedes. Es mejor que vayan a los que venden aceite, y compren para ustedes mismas". Pero mientras iban a comprar el aceite llegó el novio, y las jóvenes que estaban preparadas entraron con él al banquete de bodas. Y se cerró la puerta. Después llegaron también las otras. "¡Señor! ¡Señor! —suplicaban—. ¡Ábrenos la puerta!" "¡No, no las conozco!", respondió él. Por tanto —agregó Jesús—, manténganse despiertos porque no saben ni el día ni la hora». (Mateo 25.1–13)

Si esto no vierte en usted ese antiguo y buen tónico llamado «el temor del Señor», no sé qué otra cosa lo haría.

Siguiendo la parábola de las diez vírgenes, tenemos que la mitad de los que lo esperan serán «excluidos» de la fiesta; y no solo de la fiesta, sino de todo lo que sigue después. Yo doy gracias a Jesús por ser tan directo sobre el asunto. Él admite en cada historia que cuenta que parece que su venida está lejos; en esta admite que el novio «tardaba en llegar» (!). Jesús no esquiva el asunto, sino que va directamente a la lección que quiere enseñar: vigilen. Esperen su venida. Estén preparados. Mantengan sus lámparas encendidas, incluso si él viene en la segunda o en la tercera hora de la noche. Lewis dijo:

> La doctrina de la Segunda Venida, entonces, no debe ser rechazada porque esté en conflicto con nuestra mitología moderna favorita. Debe ser, por eso mismo, el más valorado y más frecuente tema de meditación. Es la medicina que nuestra condición necesita especialmente.[2]

¿Meditar? ¿Se supone que debemos *meditar* en su regreso? Usted no sabrá lo bien que le hará a su alma meditar en el regreso de Cristo mientras no lo haga. A medida que nos acercamos a aquel Día, la iglesia comenzará a cambiar su enfoque desde el «cielo» al reino venidero, cuando todas las cosas sean restauradas. (¡Al final de Apocalipsis la iglesia está clamando por su regreso!). Les garantizo una cosa, amigos míos: hoy día estamos más cerca de lo que hemos estado antes. Hay absoluta razón para esperar oír el sonido de la trompeta cualquier día. Si lo que este mundo está viviendo no son como dolores de parto, honestamente entonces no sé qué será.

———

Esto cambia muchas cosas

Jesús *volverá*. Rápidamente, inesperadamente. En cualquier momento. Su regreso marcará el comienzo de la renovación de todas las cosas. Eso incluye la ejecución de justicia, las recompensas, la fiesta, nuestras «haciendas», las funciones que desempeñaremos en su gran reino, junto con la restauración de todo lo que amamos. Esto tiene algunas implicaciones bastante asombrosas.

Por un lado, deberá transformar radicalmente nuestra actitud hacia la muerte.

Perder a alguien a quien amamos es un terremoto; traumático. Porque lo que *vemos* es la muerte, lo que *experimentamos* es una pérdida enorme e inesperada. La muerte está llena de tragedia y mofa. La muerte parece tener la última palabra, cualesquiera que sean nuestros credos. Todavía no vemos la resurrección. Todavía no vemos la renovación de todas las cosas, por lo que somos vulnerables a hacer pactos enormes con la pérdida y la devastación, incluso con el dolor. Pero en el momento en que dejamos que la vida gane, en que aceptamos la declaración de Jesús «me voy solo por un momento», cambia todo.

El día que entré en el bosque con la escopeta me fui a enfrentar mi pena de frente. Después de haber vaciado todos los casquillos y haber roto con mis manos bastantes ramas, me desplomé en un tronco y mi rabia se fue. Jesús entonces se acercó tiernamente y me preguntó: *¿Por qué estás afligido?* La pregunta me pareció extraña, insensible. *¿Por qué? ¡Tú sabes muy bien por qué!* Pero su pregunta tenía el mismo tono que los ángeles usaron cuando los discípulos llegaron al sepulcro de Jesús en la mañana de Pascua: «¿Por qué buscan ustedes entre los muertos al que vive?» (Lucas 24.5). Jesús continuó: *Craig no está muerto; tú sabes eso. Así que hablemos de tu pérdida.* Y comenzó a ayudarme a diferenciar entre el dolor y la devastación, entre el «adiós mientras tanto» y lo que parecía una pérdida absoluta.

Me preguntó qué diferencia habría si en lugar de haber muerto, a Craig lo hubiesen enviado a una tierra lejana, en un negocio importante. No escucharíamos de él por un tiempo; no tendría acceso a la telefonía celular. Pero un día regresaría, y compartiríamos las historias de lo que ambos habríamos estado haciendo. «Craig está muerto» versus «Craig se ha ido por un tiempo» son universos separados. Él sigue existiendo, como la persona que es. Está bien y atendiendo asuntos importantes. Por supuesto que lo echamos de menos. Muy de menos. Hay un hueco en nuestras vidas que no se puede llenar con nada. Es la pérdida, y duele. Pero lo veremos de nuevo, así es que no hay lugar para la devastación. Duelo, sí; lamentamos una separación temporal.

Pero con demasiada frecuencia los cristianos experimentan la muerte de un ser querido como una devastación. Incluso sentimos que lo que corresponde es sentirse devastado y hacer enormes acuerdos con ese sentimiento. Sentirnos completamente destrozados lo tomamos como que estamos honrando la memoria de aquellos a quienes hemos perdido. Pero ni el cielo ni la *palingenesia* dejan espacio para la devastación. Dallas Willard escribió:

Una vez que hemos comprendido nuestra situación en el mundo entero de Dios, la sobrecogedora indiferencia que Jesús y los escritores del Nuevo Testamento tuvieron por la «muerte física» de repente tiene sentido... Cualquiera que se dé cuenta de que la realidad es de Dios, y ha visto un poco de lo que Dios ya ha hecho, entenderá que tal «Paraíso» no sería ningún problema en absoluto. Y allí Dios preservará cada uno de sus preciados amigos en la plenitud de su existencia personal precisamente porque los atesora en esa forma. ¿Podría él disfrutar de su compañerismo, o podrían ellos servirle, si estuviesen «muertos»?[3]

No estoy restándole importancia al dolor ni a la pérdida. Estoy muy familiarizado con ellos. Pero debemos, debemos mantener ante nosotros la realidad de que nuestros seres queridos no están muertos del todo. Ellos están ahora más vivos que nunca. Cuando el rey Caspian es «resucitado» rejuvenecido, lo primero que hace es abrazar a Aslan e intercambian besos: besos emocionados de un rey y besos incontrolables de un león. Después, Caspian se vuelve a Eustace, con quien había navegado en su viaje al extremo del mundo...

Finalmente Caspian se volvió hacia los otros y lanzó una gran carcajada de sorprendida alegría.

—¡Cielos! ¡Eustace! —exclamó—. ¡Eustace! De modo que sí llegasteis al Fin del Mundo. ¿Qué hay de mi segunda mejor espada que rompiste contra el cuello de la serpiente marina?

Eustace dio un paso hacia él con las dos manos extendidas, pero luego retrocedió con una expresión algo sobresaltada.

—¡Oye! Vaya —tartamudeó—. Todo esto está muy bien. Pero ¿no estás...? Quiero decir, ¿no te...?

—Vamos, no seas idiota —dijo Caspian.

—Pero —siguió Eustace, mirando a Aslan—. ¿No se ha... muerto?

—Sí —respondió el león con una voz muy tranquila, casi (pensó Jill) como si se riera—. Ha muerto. Mucha gente lo ha hecho, ya sabes. Incluso yo. Hay muy pocos que no hayan muerto.[4]

Aslan no está siendo insensible; él sabe lo terrible que es decir adiós a alguien a quien amas. Lloró «grandes lágrimas de León» por Caspian, «cada lágrima más preciosa que la Tierra si esta fuese un solo diamante». Las propias lágrimas de Jesús ante la tumba de Lázaro dan lugar también a nuestras lágrimas. Nos entristecemos, pero nuestra tristeza es completamente diferente de la de «los que no tienen esperanza», de la de aquellos que no saben nada de la Gran Restauración (1 Tesalonicenses 4.13).

Voy a ser honesto: como a la mayoría de las personas, he temido mi propia muerte. Me ha rondado en más de una ocasión: accidentes de motocicleta, caídas de montañismo, unos viajes aterradores en aviones pequeños, y cuando parecía que había llegado mi hora, tuve miedo como cualquiera. Pero, después de varias escapadas por un pelo, pude levantarme haciéndome la pregunta: *¿A qué le temo? ¿Qué es lo que creo?*

Cuando dejé que mi corazón hablara sin que yo editara lo que quería decir, me di cuenta de que una parte de mí todavía temía una pérdida total: la pérdida de todo lo que amo. Pero gracias a la *palingenesia*, ese miedo ya no es un problema. Nada se pierde, nada para los amigos de Dios. *No se pierde nada.*

Una vez que permitimos que sea verdad, una vez que creemos en nuestros corazones, la muerte literalmente pierde su «aguijón», su poder de asustar.

Permítanme ir un poco más allá. Jesús y los santos a través del tiempo realmente *anhelaron* el día en que dejaran este valle de lágrimas y entraran en la Vida misma. Como Pablo confió: «Deseo partir y estar con Cristo, que es muchísimo mejor» (Filipenses 1.23). ¿Es esa nuestra actitud hacia nuestra propia muerte? Esa fue la firme confianza y atrevida audacia que conmovió al mundo entero cuando los creyentes de la iglesia primitiva se vieron frente a la muerte. La gente nunca había visto cosa igual: *¿Quién vive así? ¿Conoce el secreto?* «Nos encantaría decírselo».

Por lo tanto, la desesperación por seguir viviendo en este mundo, las medidas extremas que se toman para prolongar los años, el uso de cualquier tratamiento en la forma que sea; no deberían ser práctica de los cristianos. Hacerlo no tiene ningún sentido. En absoluto. ¿Por qué el esfuerzo desesperado de comprar para uno mismo o para un ser querido un año o dos más? Hemos perdido la perspectiva. Nosotros tenemos un para siempre; tenemos el mundo hecho nuevo, para siempre. T. S. Eliot escribió un hermoso poema sobre los magos que visitaron a Jesús, y cómo fue la vida para ellos cuando regresaron a sus antiguas vidas:

> Volvimos a nuestros lugares, estos Reinos,
> Pero ya no me siento cómodo aquí, en la vieja
>   dispensación,
> Con gente extraña agarradas de sus dioses.
> Me sentiría feliz con otra muerte.[5]

Un recordatorio sobrio y hermoso no solo de la postura de Jesús hacia la muerte, sino también de la de los falsos consoladores en el mundo que nos rodea. Una vez que echemos un buen vistazo a la renovación de todas las cosas, nos sentiremos cada vez menos «cómodos aquí». No está mal, ¿verdad?

EL VERDADERO Y ÚNICO CIELO

Muchos viajeros se detienen en la Feria para darse un gusto o hacer sus ganancias en lugar de seguir adelante, hacia la Ciudad Celestial. De hecho, son tales los encantos del lugar que la gente a menudo afirma que ese es el cielo verdadero y único; afirmando con toda seguridad que no hay otro, que los que buscan otro cielo son meros soñadores, y que, si el fabuloso resplandor de la Ciudad Celestial estuviera a solo un kilómetro más allá de las puertas de la Vanidad, ellos no serían tan tontos como para ir allá.[6]

El historiador Christopher Lasch usó este pasaje de *The Celestial Railroad* [El ferrocarril celestial] de Nathaniel Hawthorne como la premisa para su libro *The True and Only Heaven* [El único y verdadero cielo], una crítica brillante a perseguir cualquier sueño utópico, trátese de un movimiento político o social que prometa abordar todos los males humanos o nuestras versiones privadas para asegurar una «pequeña vida feliz». Oh sí, usted tiene un corazón para el reino de Dios. Su anhelo por la Vida es la parte esencial en usted. Y ese precioso corazón solo se le debe dar al reino de Dios, no a las falsificaciones tan abundantes en el mundo de hoy. Lo que nos lleva de vuelta a pastorear nuestra esperanza y las esperanzas de los demás. Nunca antes como ahora el mundo ha estado más necesitado de una esperanza inquebrantable, brillante y tangible.

Porque la renovación de todas las cosas tiene una realidad muy, muy sobria:

Vi además la ciudad santa, la nueva Jerusalén, que bajaba del cielo, procedente de Dios, preparada como una novia hermosamente vestida para su prometido. Oí una potente voz que provenía del trono y decía: «¡Aquí, entre los seres humanos, está la morada de Dios! Él acampará en medio de ellos, y ellos serán su pueblo; Dios mismo estará con ellos y será su Dios. Él les enjugará toda lágrima de los ojos. Ya no habrá muerte, ni llanto, ni lamento ni dolor, porque las primeras cosas han dejado de existir». El que estaba sentado en el trono dijo: «¡Yo hago nuevas todas las cosas!» Y añadió: «Escribe, porque estas palabras son verdaderas y dignas de confianza». También me dijo: «Ya todo está hecho. Yo soy el Alfa y la Omega, el Principio y el Fin. Al que tenga sed le daré a beber gratuitamente de la fuente del agua de la vida. El que salga vencedor heredará todo esto, y yo seré su Dios y él será mi hijo. Pero los cobardes, los incrédulos, los abominables, los asesinos, los que cometen inmoralidades sexuales, los que practican artes mágicas, los idólatras y todos los mentirosos recibirán como herencia el lago de fuego y azufre. Esta es la segunda muerte». (Apocalipsis 21.2–8)

Un escalofrío recorrió mi espina dorsal.

La evangelización en nuestros días ha caído a un segundo plano, por diversas razones. En este clima de odio que ha establecido una cultura mundial de tolerancia como la virtud suprema, incluso la más leve sugerencia de que las opiniones de alguien sobre la fe y Dios pueden ser incorrectas desencadena una violenta reacción. Los primeros cristianos no fueron martirizados porque creyeran en Jesucristo; lo fueron porque no se inclinaron ante César como un dios. Enfrentaron la muerte porque sus opiniones eran vistas como exclusivistas, y de hecho lo eran. «En ningún otro hay salvación, porque no hay bajo el cielo otro nombre [sino Jesús] dado a los hombres mediante el cual podamos ser salvos» (Hechos 4.12). Esta es la fe «una vez entregada»; esta es su fe si usted es un cristiano. Una línea muy difícil por la cual caminar en el momento actual.

Dios se asegurará de que todos los que quieran estar allí estén allí. Pero nuestra fe no es un pábulo suave del universal «lo que sea». La justicia no sería justicia si Dios ignorara a aquellos que persisten en odiarlo hasta el fin. Por difícil que sea creer, hay muchos que no *quieren* ser parte del reino de Dios:

> «Un hombre de la nobleza se fue a un país lejano para ser coronado rey y luego regresar. Llamó a diez de sus siervos y entregó a cada cual una buena cantidad de dinero. Les instruyó: "Hagan negocio con este dinero hasta que yo vuelva". Pero sus súbditos lo odiaban y mandaron tras él una delegación a decir: "No queremos a este por rey"». (Lucas 19.12–14)

Sorprendente. Inconcebible. Pero es la verdad. No todos quieren las alegrías del cielo en la tierra por la simple razón de que no quieren que Jesús sea su rey. Su presencia llena el reino: «La ciudad no necesita ni sol ni luna que la alumbren, porque la gloria de Dios la ilumina, y el Cordero es su lumbrera» (Apocalipsis 21.23). Si no disfrutas de la experiencia altamente filtrada de su presencia disponible ahora, ¿qué harás cuando esté delante de ti en plenitud de gloria? El teólogo Gary Black dice gentilmente:

> Lo que es clave para nosotros luchar con y resolver por nosotros mismos es si el destino de la vida eterna es algo que verdaderamente deseamos [...] Dios es el tipo de persona que dejaría en el cielo a cualquiera que [...] pudiera soportarlo [...] Por lo tanto, una gran medida de lo que Dios determinará, o juzgará, es el grado para que cualquier ser humano esté preparado para la intensidad de su ser, y si, al final, prosperamos o nos marchitamos en desesperación

y corremos a protegernos bajo tales circunstancias pesadas y gloriosas. Como Jesús lo revela en la parábola de Lázaro y el hombre rico (Lucas 16), estar fuera de la presencia de Dios fue quizás la cosa más gentil que Dios pudo haber permitido al hombre rico, dadas las decisiones que tomó y la persona que había llegado a ser.[7]

Durante la última vez que Craig estuvo en el hospital, antes de regresar a casa para internarse en un hospicio, me habló de los gritos que había escuchado tarde en la noche, provenientes del salón de cáncer. «Eran gritos de terror», me dijo. «No eran gritos de dolor. Eran gritos producidos por el terror de enfrentarse a la muerte sola, a la muerte sin Dios». Por eso necesitamos superar nuestros escrúpulos personales acerca de la evangelización. ¡Oh, Señor. Tenemos la más exquisita esperanza para ofrecer en todo el mundo!

Cuando Pedro nos advirtió acerca de los burladores, se refirió a la razón por la que Jesús aún no ha regresado: «El Señor no tarda en cumplir su promesa, según entienden algunos la tardanza. Más bien, él tiene paciencia con ustedes, porque no quiere que nadie perezca, sino que todos se arrepientan» (2 Pedro 3.9). Dios anhela la *palingenesia* más que nadie, pero demora y demora, a pesar del sufrimiento humano, a pesar de la injusticia, porque no quiere que nadie quede fuera de la gloriosa vida por venir. Tampoco nosotros. Estos son días delicados para la evangelización, pero creo que el viento está cambiando. Pienso que la crisis de esperanza que barre la tierra está abriendo una puerta para que hablemos a la gente de todas las culturas sobre nuestra fe, especialmente las noticias asombrosas que ahora tenemos sobre la restauración de todas las cosas.

El año pasado, Stasi conoció a una mujer de la India que trabaja allí como misionera entre las mujeres víctimas de los traficantes en la prostitución. Ella nos explicó que debido al honor de la familia no pueden volver a sus casas aunque quisieran; ahora son una desgracia para la familia. (Mujeres en todo el mundo están siendo asesinadas por sus propias familias una vez que se ha descubierto que su sexualidad se ha «comprometido», incluso si el hecho ha ocurrido bajo coacción). Debido al rígido sistema de castas todavía poderoso en la India, estas mujeres no tienen ninguna esperanza de liberarse y optar por otra forma de vida. Los hombres que las controlan persiguen y matan a cualquiera mujer que intente abandonar el «comercio». No tienen a donde ir. Estas queridas y hermosas mujeres y niñas no tienen sino a Jesús para lograr la liberación.

«¿Pero qué hace usted para ayudar a las demás mujeres?», le preguntó Stasi. «¿Qué puede ofrecerles?» «Nos reunimos y hablamos del reino que viene», dijo. «Y adoramos. Su adoración a Jesús es muy alegre. Luego vuelven a sus dueños». En este mismo momento, mientras escribo, están ocurriendo los abusos y las explotaciones sexuales. Estas hijas de Dios viven bajo el mal cada día. No tienen más esperanza que el reino venidero. ¿Y aun así *adoran*? ¿Y su adoración es *gozosa*? ¿Qué saben ellas acerca de la esperanza de la que nosotros que vivimos en la comodidad somos totalmente ignorantes? ¿Cuánto más cercana está su fe al Nuevo Testamento que la mía?

Quisiera saberlo.

En mis sueños anoche vi las fogatas del reino.

Era tarde en la noche. El valle ante mí era totalmente oscuro. Solo podía ver, a mi izquierda, el resplandor de fogatas dispersas a través de la ladera. El escenario era como nos podríamos imaginar que lo era antes de una de las grandes batallas de Israel o de Enrique V antes de Agincourt.

Al acercarme, vi hombres y ángeles acurrucados alrededor del calor de esos fuegos, hablando en voz baja. Era claramente una operación militar; había centinelas alrededor del campamento. Pero el ambiente parecía tranquilo, casi alegre.

En uno de los fuegos vi a Jesús, hablando y riendo con sus compañeros. Estaba afilando sus flechas.

Era una de las imágenes más bellas y alentadoras que he visto. El reino estaba en movimiento.

CAPÍTULO 10

Agarrar con ambas manos

De hecho, considero que en nada se comparan
los sufrimientos actuales con la gloria que habrá
de revelarse en nosotros. La creación aguarda con
ansiedad la revelación de los hijos de Dios, porque
fue sometida a la frustración. Esto no sucedió por su
propia voluntad, sino por la del que así lo dispuso. Pero
queda la firme esperanza de que la creación misma ha
de ser liberada de la corrupción que la esclaviza, para
así alcanzar la gloriosa libertad de los hijos de Dios.

PABLO DE TARSO EN ROMANOS 8.18–21

En el rancho de mi abuelo había un viejo puente de madera que cruzaba un canal de regadío bastante torrentoso y cuyas aguas tenían el color de café con leche. Los álamos se habían desarrollado en la tierra arcillosa a lo largo del canal y sus ramas proveían buena sombra durante el verano, incluso en los días de mayor calor durante el mes de agosto. El agua corría silenciosamente por debajo del puente. Para un niño como yo, aquel era un lugar de magia. Montábamos a caballo y corríamos alegremente por todo el campo; los últimos cien metros los hacíamos pasando a toda velocidad por el viejo puente disfrutando del sonido de los cascos de los caballos que nosotros imaginábamos que eran poderosos truenos y tiros de cañón, disparados desde la cubierta de una gran nave. Asustadas, las golondrinas salían disparadas volando en todas direcciones por sobre el canal. En lo que a mí respecta, en mi corazón de niño de siete años, ese puente siempre había estado allí, y siempre lo estaría. Wallace Stegner compartió una experiencia similar vivida durante su infancia:

A menos que todo en los recuerdos de la infancia de un hombre sea engañoso, hay un tiempo entre los cinco y doce años que corresponde a la fase que los etólogos han aislado en el desarrollo de las aves, cuando una impresión de unos pocos segundos puede quedar grabada por el resto de sus vidas... Yo todavía sueño, de cuando en cuando, con los tonos más intensos y brillantes de verde que había en un recodo del río Whitemud debajo de la represa de Martin. Cada vez que tengo estos sueños despierto obsesionado por el significado de esos recuerdos recurrentes y la profunda melancolía y nostalgia que me producen. Sin embargo, ¿por qué debería este recodo del río, al que vi solo por unos cuantos años, estar tan cargado de potencia en mi inconsciente? ¿Por qué habría de haber en relación con él tantas otras imágenes que los sueños constantemente me traen o en las frases que traspaso a una página en blanco en mi máquina de escribir? Esos recuerdos viven en mí como corrientes de agua subterránea; cada pozo que destapo les saca provecho (a esas frases o sueños).[1]

Ahora entiendo —unos cincuenta años más tarde—, que el puente bajo los álamos estaba lleno de «un sentido de significados» y «cargado de potencia» porque la promesa me estaba llegando a través de ese lugar. Y oh, cómo me encantaría verlo de nuevo, llevar a mis propios nietos; montar nuestros caballos y atravesar el puente a toda velocidad y con los cascos hacerlos disparar tiros de cañón; luego, sentarnos tranquilamente en el borde y balancear nuestros pies descalzos sobre el agua mientras las golondrinas vuelan vertiginosamente sin ningún rumbo determinado. Tal vez repita la experiencia, en la restauración de todas las cosas. Porque nada está perdido, mis queridos amigos; *¡nada está perdido!*

«Les aseguro —respondió Jesús— que en la renovación de todas las cosas, cuando el Hijo del hombre se siente en su trono glorioso [...] todo el que por mi causa haya dejado casas [...] o terrenos recibirá cien veces más y heredará la vida eterna». (Mateo 19.28, 29)

Si creemos eso, si creemos en el derrocamiento total del mal, en la completa renovación de este mundo, si sabemos que podremos contar con nuestra propia restauración y el ejercicio de nuestros dones en la nueva tierra, seremos las personas más felices en cualquier mundo.

EL PODER DE ESTA ESPERANZA

Me han dicho que ahora, aquí, en el último capítulo de este libro, se supone que debería darle a todo «un sentido práctico».

Varios consejeros bien intencionados me han instado a terminar centrándonos a marcar una diferencia en el mundo de hoy. Me pareció un giro demasiado brusco a la derecha en un tren que se ha venido moviendo a alta velocidad. Pero me han advertido que los milenialistas quieren hablar sobre justicia ahora, no más tarde, en el cielo. Entiendo la sugerencia; siento empatía con los que me la han dado. Pero si yo fuese usted —y hemos venido hablando de usted, querido lector—, lo encontraría tan ofensivo como un frotis racial; como si su corazón fuese tan pequeño y su mente tan increíblemente estrecha que no pudiera valorar el tesoro de la esperanza. Como si creyera que el dolor del mundo se debe al hecho de que la gente solo tiene demasiada esperanza en este momento.

La presión constante por parte del cristianismo occidental para hacerlo «algo práctico» traiciona nuestra apostasía favorita: exponiendo hasta qué punto estamos concentrados únicamente en el momento presente.

Sí, necesitamos encarnar el amor de Dios en el mundo de hoy. La raza humana no está bien; las cosas se desmoronan.

Debemos cuidar el planeta y toda la creación; debemos luchar contra la injusticia. Pero hablamos de ese trabajo en una forma tan liviana y no entendemos que puede ser el trabajo más exigente y desgarrador del mundo. Los que sirven en las líneas del frente del ministerio de justicia social tienen una tasa de desgaste trágicamente alta. Sin una gloriosa esperanza ardiendo en su corazón, será aplastado por el dolor del mundo. «Si usted lee la historia», escribió C. S. Lewis, «encontrará que los cristianos que hicieron más por el mundo actual fueron precisamente los que pensaron más en el siguiente. Es desde que los cristianos en gran parte han dejado de pensar en el otro mundo que se han vuelto tan ineficaces en este».[2]

Si realmente queremos marcar una diferencia en el mundo, lo mejor que podemos hacer es exactamente lo que las Escrituras nos mandan a hacer: agarrar la renovación prometida con ambas manos, y hacerla el ancla de nuestra alma:

[Nosotros] los que, buscando refugio, nos aferramos a la esperanza que está delante de nosotros. Tenemos como firme y segura ancla del alma una esperanza que penetra hasta detrás de la cortina del santuario. (Hebreos 6.18, 19)

La gente quiere saber. Saber cómo Dios va a hacer todo esto; cómo redimirá todo el sufrimiento de este mundo... Y el sufrimiento de nuestras propias vidas. La respuesta nunca ha sido: «¡Por una nueva iniciativa de ministerio!». Los dos mil años desde la ascensión de Cristo hasta ahora deberían dejar esto bien claro. La respuesta siempre ha sido: «En la renovación de todas las cosas». Recuerde a las mujeres y a esas niñas de la India esclavizadas para practicar la prostitución; no obstante, adoraban llenas de profundo gozo. Como el teólogo Gary Black observó con toda ternura:

La Biblia habla desde ahora y para siempre como una continuación de una sola existencia. En consecuencia, gran parte del propósito trascendente que Dios tiene para la vida humana solo puede discernirse correctamente a la luz de la eternidad. Lamentablemente, para un número cada vez mayor de nosotros que sufrimos el dolor y la desilusión de las relaciones disfuncionales en nuestras familias y matrimonios, de injusticia política o social, de abuso físico y emocional y de desorientación mental o psicológica, nuestras vidas simplemente no tienen ni tendrán sentido sin la eternidad como un telón de fondo en el que Dios pueda manifestar su amor sin fin, su poder redentor y su gracia capacitadora. Tal perspectiva por sí sola tiene el potencial de revolucionar el universo.[3]

Si despierta por la mañana y su corazón brinca con esperanza, sabiendo que la renovación de todas las cosas está a la vuelta de la esquina y que incluso puede llegar hoy, usted será una persona feliz. Si sabe en cada fibra de su ser que no se va a perder nada, que todo lo que perdió le será restituido con creces, estará blindado contra el desánimo y la desesperación. Si la imaginación de su corazón está llena de ricas expectativas de todas las cosas buenas que le esperan más adelante, su confianza será contagiosa. Será imparable, revolucionaria.

Amigo mío, no deje que nadie ni nada lo engañe en cuanto a esta esperanza. Es su salvavidas espiritual. Usted apenas ha comenzado a beneficiarse de ella. No deje que nada disminuya la belleza, poder e importancia de esta esperanza sobre todas las esperanzas. Jesús vivió como lo hizo en este mundo, *para* este mundo, porque su esperanza estaba enfocada *más allá* de este mundo. Ese es el secreto de su vida. «Fijemos la mirada en Jesús, el iniciador y perfeccionador de nuestra fe, quien, por el gozo que le esperaba, soportó la cruz, menospreciando la vergüenza que ella significaba, y ahora está sentado a la derecha del trono de Dios» (Hebreos 12.2).

Oh sí, tenemos que darle a esto un sentido práctico. Tenemos que tomar esta esperanza tan en serio que estemos dispuestos a vender todo lo que tenemos para comprar este campo. Oh sí, debemos hacer esto totalmente real y tangible, para que con el tiempo, nuestras almas estén verdaderamente ancladas en ella. De todas las cosas que podríamos hacer esta sería la más práctica, la que tiene las consecuencias más asombrosas.

DEMOS NUESTRO CORAZÓN AL REINO

Esto podría ser un buen comienzo. ¿Cuáles serían las tres primeras cosas que planea hacer cuando esté en el reino?

Lo digo muy en serio. ¿Cuáles serían las tres primeras cosas que le gustaría hacer en la renovación de todas las cosas? Podría comenzar haciendo una lista, permitiéndose soñar, y soñar en grande. Porque si usted no está planeando hacer algo, entonces sus esperanzas no están puestas allí.

¿Cuáles son las tres primeras cosas que querría hacer? ¿Los tres primeros lugares que le gustaría visitar? ¿Hay algo especial como el viejo puente de madera de mi niñez adonde le gustaría volver? ¿El sonido de la lluvia sobre el techo de hojalata con el que se quedaba dormido por las noches? ¿El olor de los pasteles con aroma a naranja saliendo del horno en la mañana de Navidad? Recuerde: es el corazón del niño en usted el que está mucho más dispuesto a abrazar el reino. Esto no es una ilusión; esto no es «¡cuán encantador!» sea que usted crea que el reino está llegando o no. Si lo cree, entonces ahora entiende que el reino significa la restauración de todas las cosas: «Yo hago nuevas todas las cosas» (Apocalipsis 21.5).

Dada la asfixiante y patológica incredulidad y el antiromanticismo de nuestra cultura post postmoderna, usted va a tener que tomar decisiones muy conscientes y concretas para hacerse de esta esperanza. Las gentes no la están tomando en serio. Dicen: «*Sí, puede que sea verdad eso de la renovación de todas las cosas*». La aceptan —*de acuerdo, creo que es verdad*— pero de ahí no pasan. Sin embargo, tenemos que agarrarnos de ella como nos agarramos del conductor de una moto cuando nosotros vamos como pasajeros. O como nos agarramos de donde sea cuando estamos a punto de caernos de una escalera.

Agarrarnos es la palabra que mejor describe la acción. *Necesitamos agarrarnos de esta esperanza.*

Podría ayudarle si se pregunta de nuevo, como lo hicimos en el capítulo 1: *¿Cómo está mi esperanza en estos días? ¿Dónde está puesta mi esperanza en estos días?* Para pastorear su primera esperanza por el tesoro que es, usted necesita estar consciente de lo que está haciendo actualmente con la esperanza. ¿Ha vinculado preciosas esperanzas a las cosas ordinarias, su primera esperanza a casi cualquier cosa?

Hace varios años tuve un sueño que se hizo realidad, un sueño de toda la vida: cazar alces en los bosques del Yukón con arco. Estábamos tan dentro de la espesura como jamás había estado. Después de que nuestro hidroavión nos dejara en un punto tendríamos que hacer una larga caminata para adentrarnos en el valle del río Jennings. El guía que llevábamos nos dijo que era muy probable que lo que encontráramos nunca había sido visto antes por ojos humanos. Lobos. Osos pardos. Alces tan grandes que nos llegaban al *hombro*. Fue aquella una experiencia impresionante, que yo había deseado *tanto*. El viaje siempre soñado; sin embargo, como tantas cosas en esta vida, la realidad no alcanzó mis expectativas. El tiempo no fue bueno; no dormimos bien y los alces no estaban por ninguna parte.

A medida que aquellos preciosos días, del tipo «nunca-los-volveré-a-vivir-en-mi-vida» pasaban, la montaña rusa emocional se hacía más deprimente: esperanza y desesperación, esperanza y desesperación, todos los días. La noche del día seis, al regresar al campamento aterido y abatido, oré a Jesús y le dije: «Señor, *háblame a mi corazón*». Y de repente, vino a mí este versículo de 1 Pedro: «Pongan su esperanza completamente en la gracia que se les dará cuando se revele Jesucristo» (1.13). No era lo que yo quería oír. Yo quería oír: «*¡Ya viene tu alce!*». Pero Jesús sabía exactamente lo que yo necesitaba en esas circunstancias. ¿Poner *toda* mi esperanza en su retorno? No creo que en ese momento mis esperanzas estuvieran puestas, aun parcialmente, en eso. No me parecía práctico. No en la vida que se vive de día en día. Creo en el reino. Creo todo lo que he escrito aquí. Pero sigo dando mi corazón en el reino a cosas como ese viaje de ensueño. Sigo poniendo mis esperanzas más importantes en lugares que no corresponden.

A modo de contraste, permítanme contarles una historia reciente sobre mi nuera, la que perdió a su querido hermano. Emilie y Blaine son almas gemelas. Creo que si pudieran vivir en un tipi, lo harían. Este verano, el verano de la angustia, planearon utilizar sus vacaciones en un viaje mochilero con algunos amigos cercanos de fuera del estado. El punto de encuentro serían las montañas de Wind River en Wyoming, unas de las últimas reservas forestales que quedaban en Wyoming. Pero había un pequeño inconveniente: Emilie tenía siete meses de embarazo. Cancelar parecía lo correcto. Y cancelaron. Emilie dijo: «No importa. Los veré (las montañas y los bosques) en la Restauración».

El efecto fue tan sorprendente y refrescante, que fue casi mágico; como si hubiera descorrido las cortinas y abierto las ventanas en una casa oscura cerrada durante años. Sorprendente, porque, bueno, ¿alguna vez ha oído a alguien dar la restauración de todas las cosas por sentado de una manera tan segura? Ella lo dijo con tanta naturalidad: «Los veré en la Restauración». Refrescante porque, bueno, era como oír la perspectiva de alguien que ya vive en el reino de Dios en este momento. ¿Quién vive aquí con esta perspectiva? Pero esta es LA perspectiva, la única verdadera perspectiva, la perspectiva de Jesús y sus amigos muy cercanos a través de los siglos. Se supone que es nuestra perspectiva cotidiana. En contraposición a, digamos, todos esos libros sobre los «cincuenta lugares donde usted debe pescar/hacer surf/jugar al golf/comer/ver antes de morir».

Otra manera de comenzar a aprovechar esta esperanza con un buen agarre es preguntarse: *¿Qué he hecho con mi corazón del reino? ¿Dónde lo tengo actualmente?* Tiene un corazón para el gozo: ¿dónde está en este momento puesta su esperanza para el gozo? Tiene un corazón para la redención: ¿a dónde está llevando su corazón para la redención en estos días? Usted que anhela la restauración suya y de los seres que ama: ¿dónde está puesta su esperanza para la restauración en estos días?

Lo que estoy sugiriendo es que necesitamos comenzar a tomar decisiones conscientes y deliberadas para poner nuestro corazón en sintonía con el regreso de Jesús y la renovación de todas las cosas. Cada vez que se encuentre ansioso por una esperanza incierta, deténgase y ore: *Jesús, pongo mi esperanza en tu verdadero y seguro retorno, y en la renovación de todas las cosas.* Cada vez que sea víctima de la desilusión, ore: *Jesús, entrego mi corazón a tu reino; he sido hecho para tu reino y nada más.* Cuando se despierte por las mañanas y todas sus esperanzas y temores se precipiten sobre usted; cuando por las noches llegue a su casa, golpeado de mil maneras por un día duro y todo lo que quiere es descansar; cuando oiga de la inmensa alegría que está experimentando otra persona y los celos quieran dominarlo, ponga su corazón en sintonía con el regreso de Cristo y la restauración de todas las cosas.

Y especialmente cuando experimente la pérdida de un ser querido. Oh, amigo mío, no olvide que la vida es una larga serie de despedidas. Usted ya ha sufrido muchas pérdidas. Nos cuesta admitirlo pero así es. Pero muchas más están por venir. Pero ahora podemos decirnos a nosotros mismos: *Nada de lo que he perdido está verdaderamente perdido. Lo recuperaré y será uno de los tesoros en el cofre que Jesús me restaurará.*

Amigos, es tan simple como esto: si no entrega su corazón a la renovación de todas las cosas, se lo *entregará* a algo en este mundo. Hará cosas compulsivamente, como coleccionar zapatos. Será tentado a hacer cosas mucho más oscuras. Es inevitable.

Pero si comienza a escoger el reino, «búsquelo primeramente» (Mateo 6.33); si consciente y deliberadamente conecta su corazón con la renovación de todas las cosas, notará los efectos inmediatamente. Todas las presiones por las esperanzas del día a día desaparecerán. Cuando las cosas no vayan bien, se encontrará menos molesto, menos abatido. A medida que su corazón y su alma se anclen en la Renovación, usted se encontrará más libre de riesgos, especialmente en cuanto a expresar amor. Podrá amar a la gente, porque Dios pondrá en juego su poder para que esté seguro que no los perderá; el adiós a sus hijos será solo momentáneo. Podrá amar intensamente hermosos lugares y culturas y cosas porque aunque parezca que las está perdiendo, les serán restaurados.

Porque nada se pierde. Él renueva todas las cosas.

Llenando el tesoro de su imaginación

Los sueños que empecé a tener sobre el reino solo comenzaron este año. Tengo amigos que parecen «verse» ya en el reino, pero yo nunca he sido uno de ellos. Yo escucho a Dios; las cosas que me dice son imposibles de describir. Pero yo nunca he recibido «imágenes» o visiones, para no hablar de sueños. Pero un día, caí en la cuenta. Y me dije: *Quizás la razón por la que no obtengo imágenes de Dios es porque no las pido.* «No tienen, porque no piden» (Santiago 4.2). Así es que empecé a pedir.

Y Dios comenzó a responder. No solo en los sueños, sino en las más diversas maneras (¡él ansía llenar nuestros corazones de esperanza!).

El amanecer que se asoma a través de la ventana se ha convertido para mí en un recordatorio. Cada mañana me hace anhelar la promesa. Veo imágenes del reino en cada foto que veo. He empezado a recortar imágenes de revistas. Quiero crear un libro de imágenes de la nueva tierra. De hecho, la semana pasada pasé varias horas mirando en la Internet esos sitios que ofrecen gran cantidad de fotos, buscando imágenes que tuvieran para mí la magia de la Gran Renovación.

Las películas también están llenas de imágenes de la Restauración. Stasi y yo estuvimos viendo *Tangled*, de Disney, que cuenta la historia de una princesa robada por una mujer malvada y retenida cautiva durante décadas. Cada año su padre y su madre —el rey y la reina— lanzan al cielo faroles para conmemorar su cumpleaños y proclamar la esperanza de que ella regrese algún día. Lejos, en la torre donde se encuentra cautiva, la princesa ve esos faroles y algo en su corazón le dice que son para ella. Finalmente, se libera de la bruja y regresa a la ciudad a tiempo para ver esos faroles iluminando el cielo. Una historia simple pero que me hizo llorar en silencio anhelando el día cuando llegue a la casa de mi Padre-Rey y la gran recepción con la que me dará la bienvenida.

Sería de una gran ayuda para usted si llenara los tesoros de su imaginación con imágenes de la renovación que está por venir. Sin ellas, sería casi imposible hacerla el ancla de su alma. Si se agarra de esta esperanza con ambas manos y no la suelta, necesitará saber de qué está agarrado. La canción sobre el cielo «I Can Only Imagine» [«Yo solo puedo imaginar»] se convirtió en un éxito en 2001, pero ese es, precisamente, el problema. Cuando nos decimos a nosotros mismos: «Yo solo puedo imaginar», lo que realmente queremos decir es: «No *puedo* imaginarme lo maravilloso que será». Y como no puede imaginarlo, no puede esperarlo. La niebla y la vaguedad no inspiran. Nunca. Como dice Peter Kreeft: «No importa si es una mentira aburrida o una verdad aburrida. El aburrimiento, no la duda, es el enemigo más fuerte de la fe.[4]

Pídale a Jesús que le muestre su reino.

———

Santifique a él no solo su imaginación, sino todos sus dones espirituales, y pídale a Dios que le revele imágenes del reino venidero. Sea específico. Si desea ver la ciudad, pídale ver la ciudad. Si quiere ver las cascadas, pídale ver las cascadas. Cuando lo haga, dispóngase a recibir sorpresas. No se «adelante» a lo que usted piensa que «debería» ver. Anoche soñé con barcos: grandes, de tres mástiles. El día era claro y brillante, e íbamos abriéndonos camino en medio de los vientos alisios, dirigiendo la proa a través de las olas a una velocidad maravillosa. Me fijé que había otros barcos a mi derecha y a mi izquierda, y que estábamos participando en una carrera. El océano era de color verde mar, más claro que de costumbre. Yo podía ver a través del agua la vida bajo la superficie, manteniendo el ritmo con nosotros. ¡Eso me ayudó a romper mis persistentes temores religiosos de que el cielo va a ser aburrido!

Manténgase abierto a las sorpresas; siga pidiéndole a Dios que le vaya dando destellos del reino de la manera que él quiera hacerlo. Así es como llegaremos al futuro para asirnos de la esperanza que es nuestra ancla. Cuanto más nuestras imaginaciones se llenen de esa realidad, más confiados estaremos esperando todas las cosas buenas que nos esperan.

Y si quiere tener una imagen aun más bella y alentadora, atrévase a dar un paso de riesgo realmente grande y pídale a Jesús que le muestre como le verá él (Jesús), cuando usted esté en su reino. Quizás por tan temerosos que somos no queramos hacerlo, prefiriendo esperar. En cualquier caso, valdría la pena.

Demos la bienvenida a la promesa
de una nueva manera

A lo largo de nuestras vidas hemos venido buscando el reino. Cuando éramos niños, lo buscábamos en estanques y en campos de maíz, en áticos y en fortalezas que armábamos con mantas en los dormitorios. Lo «encontramos» en cuentos de hadas y en nuestras historias favoritas. Usted mismo ha estado buscando este reino toda su vida. Escuchó cierta canción o trozo de música, y le han corrido las lágrimas porque ambos, música y usted, han estado yendo tras el reino. Todos sus lugares especiales o aquellos a los que soñó algún día ir, las ansias que ha tenido por ellos no se deben a que el reino esté allí, sino porque el reino lo está llamando a través de esos lugares, de esos aromas, de cómo se sentirá estando allí.

Dios sabía que tenía que atraer nuestros corazones hacia la Restauración, así es que tejió la promesa aquí en la tierra. Ahora entendemos por qué esa promesa encaja tan perfectamente con nuestra ardiente esperanza en lo más íntimo de nuestros corazones, una esperanza que difícilmente nos atreveríamos a nombrar. A medida que avanzamos desde aquí en nuestra vida, podremos interpretar correctamente la promesa; podremos abrazarla porque sabemos lo que es. Estos destellos nos ayudarán a llenar los tesoros de nuestra imaginación.

El otoño casi se ha ido. Anoche tuvimos nuestras primeras nieves. He estado saboreando cada hermoso día. ¿Parecerá extraño que al salir a caminar por los atardeceres me detenga ante cada una de las últimas flores que encuentro a mi paso, queriéndola tanto como quiero a las primeras que se asoman cuando llega la primavera? Anoche, después de cenar, salí a caminar por el bosque detrás de nuestra casa, tocando las hojas de color acuoso, sosteniéndolas en mis manos con amor, diciendo: «Gracias por venir. Te echaré de menos. Por favor regresa».

Los álamos en nuestro patio lucen hojas de un dorado impresionante, al menos los que aún las conservan, porque muchos ya se han desprendido de ellas. Con mis disculpas a Robert Frost, quiero señalar que el último verde de la naturaleza también es oro. Ayer por la tarde, las hojas temblaban bajo la influencia de una ligera brisa. Temblando de anticipación. Es como si la naturaleza conociera un gran secreto y difícilmente pudiera mantenerlo. El otoño es como una puesta de sol y susurra el secreto del atardecer si tenemos oídos para oírlo. Me paro entre los álamos, hojas del color de las calles de la ciudad de Dios. Y escucho a la creación diciéndome en un suave susurro: *Esta pérdida anuncia un gran retorno. Algo dorado está a la vuelta de la esquina. Pero debes dejar ir esto para encontrar aquello.*

Viviendo con expectativa

La renovación de todas las cosas es la promesa más hermosa, esperanzadora y gloriosa jamás hecha en cualquiera historia, religión, filosofía o cuento de hadas.

Y es *real*.

Y es *suya*.

A medida que empiece a ver por usted mismo, va a encontrar la esperanza más bien fácil, y al poner sus esperanzas en ella será la persona más fundamentada que conozca. Permítame, antes de terminar, que vuelva de nuevo y por última vez, a preguntarle: ¿cuáles son las tres primeras cosas que planea hacer en la renovación de todas las cosas? Voy a compartirle las mías, para ayudarle a nombrar las suyas:

Voy a correr y saltar a los brazos de Jesús. (¡Oh, amigos, finalmente estaremos con Jesús!), Él y yo echaremos nuestras cabezas hacia atrás y reiremos, con la risa de los buenos amigos que se vuelven a encontrar, la risa de los que han vencido. Disfrutaremos de la risa de los espíritus afines que participan en el mayor de todos los triunfos, que todo era verdad, que la vida ahora puede comenzar.

Luego, iré a la fiesta a buscar a mis seres queridos que había perdido. Aunque estoy seguro de que no tendré que mirar muy lejos. Sé que en su bondad, nuestro Anfitrión nos habrá sentado en la misma mesa. Cambiaré chistes con Craig, como en los viejos tiempos. Abrazaré a Patrick por primera vez. Daré la bienvenida a mis hijos que tuvieron que irse de casa para continuar sus estudios. También reiremos, sorprendidos de lo mucho más maravilloso que será todo lo que soñábamos y, sin embargo, tan parecido a lo que pensábamos que sería.

Y más tarde, después de esa larga y gloriosa celebración en la que cada historia se contará correctamente y se ofrezcan recompensas profusamente, voy a ir a los establos y buscaré aquellos caballos que formaron parte de nuestra historia aquí. Junto con mi familia saldremos cabalgando a través de las puertas de la ciudad y buscaremos el campo abierto. Correremos como el viento a través de los campos de hierba alta y allí se nos unirán los caballos del Rey para correr con nosotros. Porque toda la creación será nuestra otra vez, y con nuestros corazones de niños haremos del juego la primera prioridad. Si en nuestras aventuras nos encontramos con un puente bajo grandes álamos, enfilaremos nuestras cabalgaduras hacia allá para atravesarlo a galope tendido dejando que los cascos de los caballos vuelvan a disparar aquellos tiros de cañón de nuestra infancia. Luego, nos sentaremos tranquilamente y haremos oscilar nuestros pies descalzos desde el borde, observando las golondrinas ir y venir sin rumbo fijo mientras saboreamos la frescura de todas las cosas hechas nuevas.

Reconocimientos

Este libro no habría sido posible sin las brillantes habilidades de investigación de mi hijo Luke Eldredge, ni sin las poderosas oraciones ofrecidas por los hombres y mujeres que oraron por mí a través del proceso de escritura. Mi agradecimiento también a mis editores, Brian Hampton y Webster Younce; y a los equipos de Nelson y Yates y Yates. Brindaremos por esto en la fiesta.

Acerca del autor

John Eldredge es autor de numerosas obras populares como *Salvaje de corazón*, *Cautivante* (con su esposa Stasi), *Admirable forajido*, y una docena de otros títulos. Es el fundador y director de Ransomed Heart, un ministerio de discipulado con sede en Colorado. Obtuvo su maestría en consejería en la Universidad Cristiana de Colorado. Pasa la mayor parte de su tiempo libre fuera de casa disfrutando de la naturaleza. Es posible encontrar detalles sobre la actividad profesional de John en su sitio web www.ransomedheart.com.

Notas

Introducción

1. Centro nacional para las estadísticas de salud, «Health, United States, 2010: With Special Feature on Death and Dying», tabla 95, https://www.cdc.gov/nchs/data/hus/hus10.pdf.
2. World Health Organization, «Depression: Fact Sheet»,, abril 2016, http://www.who.int/mediacentre/factsheets/fs369/en/.
3. Sabrina Tavernise, «U.S. Suicide Rate Surges to a 30-Year High», *New York Times*, 21 abril 2016, https://www.nytimes.com/2016/04/22/health/us-suicide-rate-surges-to-a-30-year-high.html?_r=0; Centros para el Control y Prevención de Enfermedades (CDC, por sus siglas en inglés), Sistema en línea de informes y consultas sobre estadísticas de lesiones, 2013, 2011, Centro Nacional para la Prevención y el Control de Lesiones, CDC, https://www.cdc.gov/violenceprevention/suicide/statistics/index.html; Gregg Zoroya, «Suicide Surpassed War as the Military's Leading Cause of Death», *USA Today*, 31 octubre 2014, http://www.usatoday.com/story/nation/2014/10/31/suicide-deaths-us-military-war-study/18261185/.

Capítulo 1: ¿Hay una esperanza que supere todo esto?

1. «Outlandish Proverbs», ed. George Herbert, en *The Complete Works in Verse and Prose of George Herbert*, vol. 3 (1640; reimp., Londres: Robson and Sons, 1874), p. 324.
2. Lilas, Trotter, citada en *Many Beautiful Things*, dirigida por Laura Waters Hinson (Oxvision Films LLC, 2015).
3. Mateo 6.34.
4. Victoria Woollaston, «How Often Do You Check Your Phone», dailymail.com, 29 octubre 2015, http://www.dailymail.co.uk/sciencetech/article-3294994/How-check-phone-Average-user-picks-device-85-times-DAY-twice-realise.html.

5. Alexia LaFata, «Texting Has the Same Effect as an Orgasm, That's Why You're Addicted», *Elite Daily*, 12 noviembre 2014, http://elitedaily.com/life/culture/receiving-text-message-like-orgasm/845037/.

6. «Illegal Drug Use», Centros para el Control y la Prevención de Enfermedades, 27 abril 2016, http://apps.who.int/medicinedocs/documents/s19032en/s19032en.pdf.

7. Katie Rogers, «Leslie Jones, Star of "Ghostbusters", Becomes a Target of Online Trolls», *New York Times*, 19 julio 2016, http://www.nytimes.com/2016/07/20/movies/leslie-jones-star-of-ghostbusters-becomes-a-target-of-online-trolls.html?_r=0.

8. Jerome Groopman, *The Anatomy of Hope: How People Prevail in the Face of Illness* (Nueva York: Random House, 2005), p. xvi; Stacy Lu, «Turning Lives Around with Hope», *American Psychological Association* 45, no. 10 (2014): p. 26; Caroline Leaf, *Switch On Your Brain* (Grand Rapids: Baker, 2013), pp. 31–53.

9. Dante, *Inferno, Canto III* (Edimburgo, RU: Edinburgh University Press, 1884), edición Kindle.

10. G. K. Chesterton, *William Blake* (Londres: Duckworth; Nueva York: Dutton, 1910), p. 131.

11. «Imelda Marcos», http://www.abc.net.au/news/2016-10-02/imelda-marcos-shoe-museum:-the-excess-of-a-regime/7877098.

12. C. S. Lewis, *The Problem of Pain* (Nueva York: Macmillan, 1945), p. 134 [*El problema del dolor* (Nueva York: Rayo, 2006)].

Capítulo 2: La renovación de todas las cosas

1. *Blaise Pascal, Pensées* (Londres: HarperCollins, 1995), p. 63 [*Pensamientos* (Alianza Editorial, 2015)].

2. Dallas Willard, *The Divine Conspiracy* (San Francisco: HarperCollins, 1998), p. 395 [*La divina conspiración* (Buenos Aires: Peniel, 2013)].

3. N. T. Wright, *Surprised by Hope* (Nueva York: HarperOne, 2008), p. 93 [*Sorprendidos por la esperanza* (Miami: Convivium Press, 2011)].

4. P. G. Müller, *Exegetical Dictionary of the New Testament*, vol. I, eds. Horst Balz y Gerhard Schneider (Grand Rapids: William Eerdmans, 1978, 1990), pp. 129–30.

5. Wright, *Surprised by Hope*, Ibíd., p. 104.
6. Eva K. Neumaier-Dargyay, «Buddhism», en *Life after Death in World Religions*, ed. Harold Coward (Maryknoll, NY: Orbis Books, 1997), pp. 87–93; Axel Michaels, *Hinduism: Past and Present* (Princeton: Princeton UP, 2004), pp. 154–58.
7. C. S. Lewis, *Essay Collections and Other Short Pieces* (Nueva York: HarperCollins, 2000), p. 9.

Capítulo 3: Vamos a ser honestos

1. Charles Dickens, *A Christmas Carol* (1843; reimp., Mineola, NY: Dover, 1991), p. 61.
2. Nathaniel Hawthorne, «The Old Manse», en *Mosses from an Old Manse*, vol. I (1846; reimp., Nueva York: Modern Library, 2003), pp. 21–22.
3. «Assassin's Creed», Wikipedia, accedido el 30 de enero 2017, https://en.wikipedia.org/wiki/Assassin%27s_Creed; «The Elder Scrolls», Wikipedia, accedido el 30 de enero, 2017, https://en.wikipedia.org/wiki/The_Elder_Scrolls.
4. «Global Report on Trafficking in Persons 2014», UNODC (Oficina de Naciones Unidas contra la Droga y el Delito), United Nations Sales No. E.14.V.10, http://www.unodc.org/documents/data-and-analysis/glotip/GLOTIP_2014_full_report.pdf; «Pornography Statistics: Annual Report 2015», Covenant Eyes, http://www.covenanteyes.com/pornstats/; «Adverse Childhood Experiences Study: Data and Statistics», CDC: la Prevención y el Control de Lesiones, http://www.cdc.gov/nccdphp/ace/prevalence.htm.
5. Henri Nouwen, *Out of Solitude: Three Meditations on Christian Life* (Notre Dame, IN: Ave Maria Press, 2004), p. 53.
6. Blaise Pascal, *Pensées* (Indianapolis: Hacket, 2004), p. 219.

Capítulo 4: La nueva tierra

1. J. R. R. Tolkien, *The Lord of the Rings* (1954; reimp., Nueva York: Houghton Mifflin Harcourt, 2004), p. 281. [*El señor de los anillos* (Barcelona: Minotauro, 2001)].
2. G. K. Chesterton, *Orthodoxy* (1908; Chicago: Moody Classics, 2009), pp. 20–22.

3. Ibíd., p. 82.

4. Tolkien, *The Lord of the Rings,* pp. 35–41.

5. John Muir, «The Yosemite National Park», Atlantic Monthly (1899) 2002, http://www.theatlantic.com/past/docs/issues/1899aug/muir.htm.

6. Jess Zimmerman, «Elephants Hold Vigil for Human Friend», Grist, 14 mayo 2012, http://grist.org/animals/elephants-hold-vigil-for-human-friend/.

7. «How Many Words Do Dogs Know», Animal Planet, accedido el 30 de enero 2017, http://www.animalplanet.com/pets/how-many-words-do-dogs-know; A. Andics, A. Gábor, M. Gácsi, T. Faragó, D. Szabó, y Á. Miklósi, «Neural Mechanisms for Lexical Processing in Dogs», *Science* 353.6303 (2016): 1030-2. DOI: 10.1126/science.aaf3777.

8. «Dolphin Communication», Centro de investigaciones de los delfines, accedido el 30 de enero 2017, https://www.dolphins.org/communication.

9. Nick Jans, *A Wolf Called Romeo* (Boston: Houghton, Mifflin Harcourt, 2014).

10. George MacDonald, citado en Rolland Hein, ed., *The Heart of George MacDonald* (Wheaton: Harold Shaw, 1994), p. 15.

11. C. S. Lewis, *God in the Dock* (Grand Rapids: Eerdmans, 1970), p. 87 [*Dios en el banquillo* (Madrid: Rialp, 1996)].

12. C. S. Lewis, *La última batalla* (Nueva York: Rayo, 2005), pp. 248–49, 253.

CAPÍTULO 5: NUESTRA RESTAURACIÓN

1. *C. S. Lewis, La silla de plata* (Nueva York: Rayo, 2005), pp. 292–294.

2. George Herbert, *Herbert: Poems* (Londres: Random House, 2004), p. 215.

3. Ver capítulo 1 en mi libro *Admirable forajido* (Nueva York: FaithWords, 2011).

4. 2 Samuel 6.12–15.

5. Salmos 103.12.

6. Bessel van der Kolk, *The Body Keeps the Score* (Nueva York: Penguin, 2014), pp. 280, 282 [*El cuerpo lleva la cuenta* (Barcelona: Eleftheria, 2015)].

7. Gary Black, *Preparing for Heaven* (Nueva York: HarperOne, 2016), p. 29.

8. Stanley Kunitz, *The Collected Poems of Stanley Kunitz* (1978; Nueva York: W. W. Norton, 2002), p. 217.

9. C. S. Lewis, *El caballo y el muchacho* (Nueva York: Rayo, 2005), p. 275.

10. Richard Louv, *Last Child in the Woods* (Chapel Hill, NC: Algonquin Books, 2005), el tema principal del libro.

CAPÍTULO 6: CUANDO CADA HISTORIA SE CUENTE CORRECTAMENTE

1. C. S. Lewis, *On Stories and other Essays on Literature* (Nueva York: Harcourt, 1966), p. 83.

2. 1 Corintios 16.13, NVI.

3. Thomas Cahill señala esto en *How the Irish Saved Civilization* (Nueva York: Random House, 1995) [*De cómo los irlandeses salvaron la civilización* (Madrid: Debate, 1998)].

4. *Beowulf*, trad. Seamus Heaney (Nueva York: W. W. Norton, 2000), p. 13.

5. Ibíd., p. 15.

6. Ibíd., p. 45.

7. Ibíd., p. 69.

8. Ibíd., pp. 69–70.

9. Ibíd., p. 97.

10. Thomas Cahill, *How the Irish Saved Civilization*, pp. 117–118.

11. C. S. Lewis, *El peso de la gloria* (Nashville: HarperCollins Español, 2016), p. 26.

12. C. S. Lewis, *La travesía del viajero del alba* (Nueva York: Rayo, 2005), pp. 152–153.

13. Ibíd., p. 157.

14. C. S. Lewis, *La silla de plata* (Nueva York: Rayo, 2005), p. 31.

15. J. R. R. Tolkien, *The Lord of the Rings,* (1954; reimp., Nueva York: Houghton Miff lin Harcourt, 2004), pp. 952–53.

Capítulo 7: El derrocamiento de la maldad

1. John Milton, *Paradise Lost* (1667; Nueva York: W. W. Norton & Co, 2004), pp. 28–29.
2. C. S. Lewis, *El león, la bruja y el ropero* (Editorial Andrés Bello, 2000), p. 87.
3. Ibid., pp. 98–99.
4. J. R. R. Tolkien, *The Lord of the Rings*, (1954; Nueva York: Houghton Mifflin Harcourt, 2004), p. 842.
5. «Prostitution Statistics», *Havocscope: Global Black Market Information*, http://www.havocscope.com/prostitution-statistics.

Capítulo 8: ¿Qué hacemos realmente?

1. Dallas Willard, *The Divine Conspiracy* (Nueva York: HarperCollins, 1998), p. 399.
2. Ibíd., p. 378.
3. Jean Giono, *The Man Who Planted Trees* (Londres: Peter Owen, 1989), p. 8 [*El hombre que sembraba árboles* (México: Diana, 1995)].
4. Ibíd., pp. 17–18.
5. Ibíd., pp. 23–25.
6. Ibíd., pp. 34, 37–38.
7. Ibíd., p. 39.
8. N. T., Wright citado en David Van Biema, «Christians Wrong About Heaven, Says Bishop», *Time*, 7 febrero 2008, http://content.time.com/time/world/article/0,8599,1710844,00.html.
9. George MacDonald, *Diary of an Old Soul* (Minneapolis: Augsburg, 1994), p. 30.

Capítulo 9: El matrimonio del cielo y la tierra

1. C. S. Lewis, *The World's Last Night and Other Essays* (Nueva York: Harcourt, 1952), p. 93.
2. Ibíd., p. 106.
3. Dallas Willard, *The Divine Conspiracy* (San Francisco: HarperCollins, 1998), pp. 84–85.
4. C. S. Lewis, *La silla de plata*, (Nueva York: Rayo, 2005), pp. 294–295.

5. T. S. Eliot, *Collected Poems 1909–1962* (San Diego: Harcourt Brace Jovanovich, 1963), pp. 99–100 [*Poesías reunidas* (Madrid: Alianza, 2008)].

6. Nathaniel Hawthorne, *Hawthorne's Short Stories* (1946; reimp., Nueva York: Vintage, 1973), p. 243.

7. Black, *Preparing for Heaven* (Nueva York: HarperOne, 2015), pp. 91, 127–28.

CAPÍTULO 10: AGARRAR CON AMBAS MANOS

1. Wallace Stegner, *Marking the Sparrow's Fall* (Nueva York: Henry Holt and Company, 1992), pp. 5–6.

2. C. S. Lewis, *Mere Christianity* (1952; Nueva York: HarperOne, 1980), p. 135 [*Mero cristianismo*, (Miami: Caribe, 1977).

3. Gary Black, *Preparing for Heaven* (Nueva York: HarperOne, 2015), p. 38.

4. Peter Kreeft, *Everything You Ever Wanted to Know About Heaven* (San Francisco: Ignatius Press, 1990), p. 20.